KRÖLLER-MÜLLER-MUSEUM

Ein Traum für Liebhaber moderner Kunst im größten Nationalpark der Niederlande – bezaubernde Mischung von Kunst und Natur.
📷 *Tipp: Verpass im Park nicht die Männer mit Geweih von Jan Fabre.*

➤ S. 103, Der Osten

DELTA-EXPO NEELTJE JANS ⭐

Inoffizielles achtes Weltwunder: Mit den Deltawerken haben die Niederländer den Nordseefluten den Kampf angesagt.

➤ S. 124, Der Südwesten

VAN-GOGH-MUSEUM IN AMSTERDAM ⭐

Van Gogh rocks – das Museum gibt dem unglücklichen Genie späte Genugtuung. Seine schönsten Bilder hängen hier.

➤ S. 45, Randstad

ZUIDERZEEMUSEUM IN ENKHUIZEN ⭐

Hier dreht sich alles um das Leben mit, um und im Wasser. Guck dem Seiler und dem Segelmacher bei der Arbeit zu!
📷 *Tipp: Steck die Kleinen in Zuiderzee-Trachten und mach ein Familienfoto.*

➤ S. 82, Friesland und der Norden

KEUKENHOF ⭐

Tulpen, Rosen und Narzissen stehen hier von März bis Mai in voller Blüte – eine Parade holländischer Blumenveredelung.

➤ S. 55, Randstad

INHALT

FRIESLAND UND DER NORDEN

RANDSTAD

DER OSTEN

DER SÜDWESTEN

DER SÜDEN

INHALT

🕑 Besuch planen 🍴 Essen/Trinken
€-€€€ Preiskategorien 🛍 Shoppen
(*) Kostenpflichtige Telefonnummer 🍸 Ausgehen
  🌴 Top-Strände

(🗺 A2) Herausnehmbare Faltkarte
(🗺 a2) Zusatzkarte auf der Faltkarte
(0) Außerhalb des Faltkartenausschnitts

BESSER PLANEN MEHR ERLEBEN!

Digitale Extras
go.marcopolo.de/app/nie

DAS BESTE ZUERST

Idyllisch: eine Radtour von Utrecht am Flüsschen Vecht entlang nach Amsterdam

BEST OF ☂

BEI REGEN

SCHÖN, AUCH WENN ES REGNET

ZWISCHEN KRÄNEN UND OZEANRIESEN

Warm und trocken durch die enormen Rotterdamer Hafenanlagen schippern: Das geht gemütlich mit einem *Spidoboot* (Foto), rasant mit dem *Wassertaxi* oder mit einem *Amphibienbus*.
➤ S. 64, Randstad

EIN PANORAMA ZUM ABHEBEN

Das Museum *Beelden aan Zee* in Scheveningen liegt mitten in den Dünen. Durchs Panoramafenster im *zeezaal* siehst du Nordsee, Dünen und Himmel. So wird sogar Sauwetter zum Genuss!
➤ S. 58, Randstad

BIER MIT GÖTTLICHEM SEGEN

Trappistenbier kommt noch immer aus den Braukesseln der Mönche aus der *Abtei De Koningshoeven* in Berkel-Enschot. Lern auf einer Brauereiführung, wie La Trappe gebraut wird, und bleib danach im Klosterlokal hängen.
➤ S. 111, Der Süden

PALASTERKUNDUNG

Stundenlang kannst du dir im imposanten *Markiezenhof* in Bergen op Zoom mit seinen vielfältigen Sammlungen die Zeit vertreiben. Das Stadtpalais aus dem Mittelalter beherbergt sogar ein Zirkusmuseum.
➤ S. 122, Der Südwesten

WOHLIG WARMES SPA

Der *Sanadome* in Nijmegen speist seine Thermalbäder aus eigenen Quellen, in denen schon die Römer badeten. Mit großem Wellness-Spa!
➤ S. 105, Der Osten

JETZT ERST RECHT: RAUS AN DIE SEE!

Schlechtes Wetter? Pah! Zieh dich wind- und wasserfest an und fahr an die Küste. Du hast den Strand ganz für dich! Lass dich durchpusten und belohn dich danach mit einem warmen *pannenkoeken,* süßen *poffertjes* oder einem heißen Kakao!

BEST OF €

LOW-BUDGET

FÜR DEN KLEINEN GELDBEUTEL

GEBÜHRENFREI HAFENLUFT SCHNUPPERN

Hinter dem Amsterdamer Hauptbahnhof legen die drei *öffentlichen Fähren* ab, die dich umsonst in den Norden der Stadt fahren. Ideal für eine kombinierte Fahrrad-Boots-Tour.

➤ S. 42, Randstad

AFFENLIEBE

Greise Zirkusaffen und aus Gefangenschaft befreite exotische Tiere bekommen bei der Stiftung *Aap* in Almere ein neues Zuhause. Einfach gucken kommen, nur für die kostenlosen Führungen vorher anmelden.

➤ S. 101, Der Osten

WILDPARK IN POLDERLANDSCHAFT

Im *Natuurpark Lelystad* (Foto) leben Wildpferde, Biber, Hirsche, Wildschweine und Störche in großzügig angelegten Gehegen, um sich in Ruhe ihrer Fortpflanzung zu widmen.

Ein Pfad führt mitten durchs Wisentgebiet. Der Zugang ist gratis.

➤ S. 100, Der Osten

CRANBERRYS SATT

Wenn die professionellen Cranberrypflücker auf *Terschelling* im Herbst das Feld geräumt haben, sind die restlichen Beeren zum Pflücken freigegeben. Überall auf der Insel sind sie zu finden. Folg einfach den Locals!

➤ S. 85, Friesland und der Norden

EIN PALAST FÜR DEN WELTFRIEDEN

Im *Vredespaleis* in Den Haag sitzen seit über 100 Jahren der Internationale Gerichtshof, der Ständige Schiedshof und die Akademie für Völkerrecht. Das Besucherzentrum informiert gratis mit einer Ausstellung und Audiotour zur Geschichte dieses außergewöhnlichen Palasts und der Friedensbewegung.

➤ S. 57, Randstad

BEST OF
MIT KINDERN

IN DEN BAUMKRONEN WANDERN

Ein Wanderweg, der unter der Erde beginnt und hoch in den Baumkronen endet: Der *Boomkroonpad* bei Drouwen liegt mitten im Wald von Drenthe und macht Spaß mit ein bisschen Kitzeln im Bauch.

➤ S. 90, Friesland und der Norden

IM PFANNKUCHENHIMMEL

Eine 75-minütige Bootstour, auf der man so viele Pfannkuchen essen darf, wie man mag?! Ja, das gibt es wirklich! Dazu gehört ein Buffet mit herzhaften und süßen Belägen im Überfluss. Das Angebot gibt es in Amsterdam, Nijmegen und Rotterdam, Infos auf *pannenkoekenboot.nl*.

SCHNEEWITTCHEN UND CO.

Der Märchen- und Vergnügungspark *De Efteling* mit langer Tradition überzeugt auch Disney-Hasser. Er entwickelt seine Attraktionen für alle Altersgruppen selbst, es gibt äußerst liebevoll gestaltete Märchenareale und Picknickzonen für die Pause zwischendurch – und zum Abschluss jeden Abend eine Wasser-Feuer-Licht-Show.

➤ S. 121, Der Südwesten

WIE IM LABOR
VON DANIEL DÜSENTRIEB

Im Amsterdamer *Nemo Science Museum* kann man jede Menge Experimente machen und mehr erfahren zu optischen Täuschungen, Mathematik, Wasserkraft, dem Universum, zu Zungenküssen, Pubertät und vielem mehr.

➤ S. 46, Randstad

(FAST) ALLE TIERE DIESER WELT

Ein Tierpark, der „Glücklichdorf" heißt, muss gut sein: Rotterdams Zoo *Diergaarde Blijdorp* ist einer der ältesten der Niederlande. Es gibt ein spektakuläres Ozeanarium, ein Savannengehege mit Baobabbaum als Aussichtsturm und das größte Okapigehege der Welt.

➤ S. 66, Randstad

BEST OF

TYPISCH

DAS ERLEBST DU NUR HIER

PSYCHEDELISCHE TULPENFELDER
Von rosarot bis dunkelgelb: Die blühenden Tulpenfelder im Frühling sind einzigartig. Nimm den Zug (im Doppelstockwagen oben Platz nehmen!) von Amsterdam über Haarlem nach Den Haag mitten durch das Hauptanbaugebiet, die *bollenstreek* (Foto), und du sitzt in der ersten Reihe.

ESSEN AUS DER WAND
Die Niederländer sind effiziente Menschen und nicht unbedingt bekannt für kulinarische Höhenflüge. Die Quintessenz von schnell satt erlebst du bei Febo. Mach dir den Spaß und kauf eine *Krokette aus dem Automaten.*

**EINE GRACHTENFAHRT
GEHT IMMER**
Die Niederlande sind im Grunde ein einziges großes Flussdelta. Alles dreht sich ums Wasser oder liegt am Wasser. Früher reiste man mit dem Zugkahn über Land und in den Städten ging sowieso alles mit dem Boot. Grachtenfahrten gibt es in nahezu jeder Stadt – und es lohnt sich immer.

EIN LAND SIEHT ORANGE
Jedes Jahr am 27. April feiern die Niederländer den Geburtstag ihres Königs – in Orange. Am Abend davor feiert man in der *koningsnacht* in den Kneipen der Innenstädte schon mal rein. Der *Königstag* selbst beginnt morgens mit Flohmarkt und geht dann vor allem in Amsterdam in Straßenpartys mit Bands und Trinkgelagen über.

MULTIKULTIMÄRKTE
Der Handel machte die Niederlande groß. In Amsterdam wohnen 178 Nationalitäten, das erlebst du eindrücklich auf dem *Dappermarkt:* Gemüse aus Surinam, Stoffe aus Indien und Afrika, Gewürze aus Marokko oder die neueste Musik aus der Türkei.
➤ S. 48, Randstad

SO TICKEN DIE NIE DERLANDE

Spektakuläre Architektur allerorten: Rotterdams bewohnbare Markthalle

ENTDECKE DIE NIEDERLANDE

Von Almere bis Zwolle faszinieren spektakuläre Bauten wie das Filmmuseum EYE in Amsterdam

Drei Begriffe sollte man zum Verständnis der Niederlande im Hinterkopf haben: Wasser, Handel, Toleranz. Sie hängen miteinander zusammen, verhalfen den Holländern im 17. Jh. zu einem Goldenen Zeitalter und lassen sie noch heute als kleines Land mit den ganz Großen mitspielen.

DER KAMPF MIT DEM WASSER

Fast ein Drittel des Landes liegt unter dem Meeresspiegel und mehr als die Hälfte ist überflutungsgefährdet. Viele Städte wurden auf Pfählen gebaut, die gesamte Provinz Zeeland ist im Grunde nichts anderes als das Flussdelta von Rhein und Maas. Die Niederländer mussten lernen, mit dem Wasser zu leben und ihr Land dem Meer und den Flüssen abzuringen. Das prägt: Keine Landschaft in Europa ist so sehr vom Menschen beeinflusst wie das flache Land hinter den

1. Jh. v. Chr.–4. Jh. n. Chr.
Der Rhein bildet die Nordgrenze des Römischen Reichs

5.–9. Jh.
Die Niederlande sind Teil des ostfränkischen Reichs; Christianisierung

11.–16. Jh.
Erste Städte entstehen, der Handel mit dem Ausland kommt auf

1568-1648
80-jähriger Krieg: Reformation und Auflehnung gegen König Philipp II. von Spanien führen zur Unabhängigkeit („Westfälischer Frieden")

17. Jh.
Goldenes Zeitalter: Blütezeit der holländischen Städte, Kolonien in Asien, Afrika, Amerika

Deichen, das von Kanälen und Windmühlen durchzogen ist. Mit zäher Beharrlichkeit haben die Niederländer Meerbusen eingedeicht und Moraste urbar gemacht. Nach schmerzhaften Erfahrungen mit Sturmfluten haben sie ihr Land mit imposanten Deich- und Schleusensystemen vorerst gesichert. Ein besonders schwerer Orkan verursachte 1916 so immense Schäden, dass man sich entschloss, die Zuiderzee mit einem Damm abzuschließen, der die ehemalige Meeresbucht in den Süßwassersee IJsselmeer verwandelte. (Die niederländische *zee* entspricht dem deutschen Meer, während das niederländische *meer* einen See meint). Heute stellen die weltweiten Klimaveränderungen das Land vor neue Herausforderungen. Berechnungen zeigen, dass der Meeresspiegel bis Ende dieses Jahrhunderts um bis zu 1,3 m ansteigen könnte. Um die Sicherheit der 17 Mio. Menschen zu gewährleisten, müssen deshalb Milliarden in Küstenverstärkungen und Deicherhöhungen investiert werden.

Der Polder – das eingedeichte Gelände – ist immer nur so stark wie sein schwächster Deich: Wenn alle trockene Füße haben wollen, müssen sie sich einig werden. Dieses Konsensmodell hat sich auf die Politik übertragen und gilt als typisch niederländisch. Das Poldermodell erklärt auch eine gewisse Aversion gegen Hierarchien oder Klassenunterschiede und ist so auch ein Ursprung der sprichwörtlichen Toleranz der Niederländer. Sie machte das Land schon früh zu einem sicheren Hafen für Fremde und Andersdenkende. Im Mittelalter waren es portugiesische Juden, die den Diamantenhandel aufbauten, Hugenotten aus

1814 Königreich der Vereinigten Niederlande mit dem katholischen Süden (heutiges Belgien) unter Wilhem I. von Oranien

1830 Unabhängigkeit Belgiens

1940–45 Bombardierung Rotterdams, Besetzung des Landes durch die Deutschen. Über 107 000 Juden werden deportiert

2002 und 2004 Ermordung des Rechtspopulisten Pim Fortuyn und des antimuslimischen Regisseurs Theo van Gogh. In der Folge antimuslimische Anschläge

2018 Leeuwarden ist Kulturhauptstadt Europas

Frankreich, Juden aus Deutschland, später Chinesen und Immigranten aus den ehemaligen Kolonien, aber auch Homosexuelle und Transgender. Diese Fremden brachten die Welt in die Städte und beförderten den Handel.

KOLONIALHANDEL UND KAUFMANNSGEIST

Ab dem 17. Jh. durchkreuzten niederländische Handelsschiffe sämtliche Weltmeere, errichteten Handelsposten wie Nieuw Amsterdam – heute New York – oder Kapstadt und waren ein erster Global Player. Das heutige Indonesien war die wichtigste Kolonie, während die karibischen Inseln vor allem Drehkreuze für den Transatlantikhandel mit Sklaven, Zucker, Rum, Silber und Gewürzen waren. Diesen Kaufmannsgeist hat man noch immer im Blut – ihm ist es zu verdanken, dass sich das flächenmäßig kleine Land auf der Weltbühne so nachhaltig behauptet. Rotterdam ist heute der größte Hafen Europas, die Weltkonzerne Unilever, Philips, Akzo Nobel und Shell haben niederländische Wurzeln. Und im Agrar- und – Überraschung! – Wasserbausektor gehören die Niederlande zu den drei weltweit wichtigsten Exportnationen.

Rhein und Maas trennen die Niederlande in zwei Teile: *Boven de grote rivieren,* also im Norden „oberhalb der großen Flüsse", sind die Menschen protestantisch-calvinistisch geprägt, der Süden *beneden de grote rivieren* ist eher katholisch. Der Protestantismus, der im 16. Jh. am Anfang des niederländischen Freiheitskampfs gegen das katholische Spanien stand, ist auf dem Rückzug: Mittlerweile sind mehr als die Hälfte der Niederländer konfessionslos und leben rund 1 Mio. Muslime im Land.

EIN WEITER HORIZONT – IM DOPPELTEN WORTSINN

Der Norden ist polderbedingt flach, erst im südlichsten Zipfel, in der Provinz Limburg, erheben sich sanfte Hügel und der Vaalserberg – mit stolzen 322 m höchster Punkt des Landes. Der weite Horizont, der scheinbar unendliche Himmel mit immer wechselnden Wolkenbildern über Dünen und Flüssen machen den landschaftlichen Charme aus. Der weite Horizont, so behaupten viele, findet auch in der Mentalität seinen Niederschlag: Wer in einem kleinen Land seine Erträge mehren will, muss Neuem gegenüber empfänglich sein und sich anbietende Möglichkeiten unerschrocken nutzen.

Bis zum heutigen Tag ist dies in vielen Bereichen zu spüren, es gibt kaum ein Volk, das so schnell auf gesellschaftliche Umwälzungen reagiert und sich so flexibel auf neue Gegebenheiten einzustellen weiß. Viele gesellschaftliche Neuerungen – der liberale Umgang mit weichen Drogen, Homosexualität, Teilzeitarbeit, Sterbehilfe oder ein großes Parteienspektrum – haben die Niederländer aufgeschlossen und frei von Tabus umarmt und sind so in vielen Fragen Vorreiter in Europa. Das ist nicht weiter erstaunlich, schließlich mussten die Niederländer sich immer wieder anpassen, sei es beim Kampf gegen das Wasser, beim Außenhandel, bei den Einwanderern oder in Religionsfragen.

AUF EINEN BLICK

17.000.000
Einwohner

Nordrhein-Westfalen: 17.900.000

22.500.000
Fahrräder

= 130 Fahrräder je 100 Einwohner

523 km
Küstenlänge

Küstenlänge deutsche Ostsee
(ohne Inseln und Bodden): 705 km

41.543 km^2
Fläche

Niedersachsen: 47.614 km^2

**ARBEITER UND
ANGESTELLTE IN
TEILZEIT**

49,8 %

**LAKRITZVERZEHR
PRO JAHR**

**32 MIO.
KILO**

STAATSOBERHAUPT

**KÖNIG
WILLEM
ALEXANDER**

BERÜHMTE NIEDERLÄNDER

Vincent van Gogh, Rembrandt van Rijn, Jan Vermeer, Piet Mondrian
(Maler), Johan Cruyff (Fußballspieler), Erasmus von Rotterdam
(Humanist und Theologe), Tiësto, Hardwell (DJs), Herman van Veen
(Chansonnier), André Rieu (Violinist), Mata Hari (Tänzerin und
Spionin), Rudi Carrell (Showmaster), Rem Koolhaas (Architekt)

AMSTERDAM
Hauptstadt

DEN HAAG
Regierungssitz

**ERSTES LAND DER WELT,
WO HOMOSEXUELLE
HEIRATEN DURFTEN**

SEIT 2001

DIE NIEDERLANDE VERSTEHEN

BAKFIETS: LASTRAD 2.0

Das Fahrrad *(fiets)* ist Fortbewegungsmittel Nummer eins: Auf jeden Niederländer vom Baby bis zum Greis kommen statistisch 1,3 Fahrräder. Die schwarzen Hollandräder mit Rücktrittbremse *(omafiets)* sind Klassiker. Seit ein paar Jahren ist das Lastenfahrrad *(bakfiets)* schwer im Kommen. Früher vor allem von Handwerkern, Bäckern oder Fischverkäufern genutzt, sind moderne Lastenräder (auch als E-Bike) zum wahren Statussymbol des hippen Stadtbewohners geworden. Frau und Mann von Welt befördern Kleinkind, Zimmerpflanze oder den Wochenendeinkauf selbstverständlich umweltbewusst per Lastenrad und angesagte Stadtteile haben erhöhte *Bakfiets*-Dichte.

ICH KAUFE EIN M

Zum Nikolausabend *(Sinterklaasfeest)* am 5. Dezember schenken sich die Niederländer Schokobuchstaben. Ab Oktober liegt die typische, etwa 130 g schwere Süßigkeit in allen Schokoladensorten im Laden, natürlich auch als Fair-Trade-Produkt. Der Brauch stammt aus dem Mittelalter, als Klosterschüler mit Buchstaben aus Brot lesen und schreiben lernten. Heute werden jährlich zwischen 12 und 14 Mio. *chocoladeletters* produziert. Supermärkte und Bäckereien haben anfangs das ganze Alphabet, doch am meisten wird das M verkauft: Mit diesem Buchstaben beginnen viele niederländische Vornamen – und das Wort Mama.

GRAS VOM STAAT

Um's gleich vorwegzunehmen: Haschisch und Marihuana sind in den Niederlanden nicht legal, es sei denn sie dienen medizinischen Zwecken. Seit über 40 Jahren toleriert man jedoch den Verkauf und Konsum kleiner Mengen in Coffeeshops. Wie diese Verkaufsstellen an ihre Ware kommen, hat den Gesetzgeber jedoch nie interessiert. Und so ist eine lukrative Schattenwirtschaft mit dem Anbau von Hanfpflanzen entstanden, die vor allem in ländlichen Gebieten zu großen Problemen mit organisierter Kriminalität führt. Banden überreden bis dahin unbescholtene Privatleute mit netten Sümmchen zu einer Hanfplantage in ihrem Keller oder Dachboden. Zahlreiche Bürgermeister fordern daher schon lange einen staatlich kontrollierten Anbau. Der kommt, hat die Regierung versprochen, erste Pilotprojekte laufen. Wann das erste „Staatsgras" erhältlich sein wird, ist allerdings unklar.

STUDIENHELFER ERASMUS

Wer heute Erasmus sagt, denkt in erster Linie an das sehr erfolgreiche EU-Förderungsprogramm, dank dem junge Menschen ein oder mehrere Semester an einer ausländischen Uni studieren können. Der Name geht zurück auf den europäischen Humanisten Erasmus Desiderius, der 1466 oder 1469 in Rotterdam geboren wurde. Berühmt wurde er vor allem mit seinem satirischen Werk über gesellschaftliche und kirchliche Missstände „Lob der Torheit" und als Wegbereiter der Reformation. In Rotterdam tragen die Universität, eine Brücke, ein Kran-

Sand auf natürliche Weise an der Küste vor Scheveningen und verstärken so die Dünen. Das Programm „Raum für den Fluss" schafft neue Überflutungsgebiete und Auen, um Städte wie Dordrecht und Nijmegen zu schützen. Und auch im Wohnungsbau macht das Motto Schule: Niederländi-

Gibt es bald Gras vom Staat? Bis es so weit kommt, gehören die Coffeeshops zum Straßenbild

kenhaus, eine Metrolinie und ein Gymnasium seinen Namen.

SCHWIMMENDE HÄUSER

Weil Deiche nicht endlos erhöht werden können, schlagen die Niederländer im Küstenschutz ganz neue Wege ein. Die Devise: nicht mehr gegen das Wasser, sondern mit dem Wasser. Beim sogenannten Sandmotorprojekt beispielsweise verteilen Wind und Strömung einen aufgeschütteten Berg

sche Architekten entwerfen schwimmende Häuser, die sich wechselnden Wasserständen anpassen, oder moderne Pfahlbauten. Wie man sich so etwas vorstellen muss, ist auf dem Amsterdamer Steigereiland mit Europas erster Wassersiedlung zu sehen oder in Dordrecht im Stadtteil Plan Tij.

ORANJEFIEBER

Was haben niederländische Monarchisten und Fußballfans gemeinsam?

![Schicker als jede Krone: Máxima zeigt sich gut behütet, Willem-Alexander kommt oben ohne]

Schicker als jede Krone: Máxima zeigt sich gut behütet, Willem-Alexander kommt oben ohne

Die Farbe Orange! Immer wenn es was zu feiern gibt, eine Europa- oder eine Weltmeisterschaft ins Haus steht (und die Niederlande sich dafür qualifiziert haben ...), schmücken die Niederländer sich und ihre Häuser, Parks, Straßen, Kinderwagen und Fahrräder in der Farbe ihres Königshauses. Käse, Kontaktlinsen und Kreditkarten sind plötzlich orange, genauso wie die Pommes in den Snackbars oder der Gips ums gebrochene Bein. In den Supermarktregalen steht orangefarbener Pudding neben orangefarbenem Toilettenpapier.

Kaum ein Land hat eine so entspannte Beziehung zu seinem Königshaus und vielleicht auch keinen so entspannten König. Willem Alexander van Oranje – daher die Farbe – ist seit 2013 Staatsoberhaupt der konstitutionellen Monarchie der Niederlande. Zusammen mit Königin Máxima, einer gebürtigen Argentinierin, ist er so beliebt bei den Niederländern, dass bei den Wahlen zuletzt sogar traditionell republikanische Parteien die Abschaffung der Monarchie aus ihrem Wahlprogramm strichen.

INSIDER-TIPP
Königs hautnah!

Zweimal im Jahr kann man die Oranier erleben: am 27. April, wenn der König Geburtstag feiert und dafür mit Familie jeweils eine andere Stadt besucht, und am dritten Dienstag im September zur Verlesung der Regierungserklärung, der sogenannten Thronrede. Dann fährt das Königspaar in einer Parade in der Kutsche durch Den Haag und winkt seinem Volk zu. Máximas Look ist regelmäßig Tagesgespräch und wird in verschiedenen Blogs diskutiert (blauwbloed. eo.nl).

DER KÖNIG DER FISCHE

Zeitungsinserate mit dem simplen Text *Hollandse nieuwe* – junge Heringe, die noch nicht gelaicht haben – läuten jedes Jahr im Juni die neue Heringssaison ein. Es ist die Zeit, in der die ganze Nation vor den rot-weiß-blauen ⚑ *haringkarren* Schlange steht. Der berühmteste, an dem mitunter auch Minister gesichtet werden, steht vor dem Regierungsgebäude beim Binnenhof in Den Haag. Gegessen werden die salzig-fettig-zarten Matjesheringe nur so: In der linken Hand hält man einen kleinen, rechteckigen Pappteller; darauf liegen der Hering, eine Papierserviette und Zwiebelstückchen. Mit Daumen und Zeigefinger der rechten Hand ergreift man die Schwanzflosse und führt den Fisch von oben senkrecht in den geöffneten, gen Himmel gerichteten Mund. Die Kunst dabei ist es, keine Zwiebeln in die Augen zu bekommen und die Serviette nicht wegwehen zu lassen. Und: Vorsicht vor den Möwen!

> **INSIDER-TIPP**
> Kleine Etikette fürs Heringessen

IMMIGRANTS WELCOME?

Die Ermordung des Filmemachers Theo van Gogh zeigte 2004 auf schmerzliche Weise, wie schlecht es um die Integration der rund 1 Mio. Muslime im Land bestellt ist: Der Mörder des provokativen Filmemachers war ein radikalisierter Niederländer marokkanischer Abstammung. Seither sind unzählige Projekte ins Leben gerufen worden, um den Dialog zwischen den Bevölkerungsgruppen zu fördern. Gleichzeitig gewinnen Politiker wie

KLISCHEE KISTE

WOHNWAGEN

Jaha, die gibt es, und viele. Man kann schon sagen, dass des Niederländers zweitliebster Zeitvertreib das Campen ist – nach dem Schlittschuhlaufen natürlich. Bei den *caravans* bevorzugen die Niederländer übrigens deutsche Fabrikate.

FRAU ANTJE AUS HOLLAND

Bei Werbung für holländischen Käse guckt meist eine Frau mit Haube und Schürze fröhlich ins Bild oder beißt in einen Käsewürfel. Das ist Frau Antje. Frau Antje ist aber nicht echt, sondern reine Erfindung von ein paar Molkerei-Marketing-Heinis aus den 1960er-Jahren. In den Niederlanden wurde sie erst bekannt, als der „Spiegel" sie mit Joint und Bierdose karikierte. Das sorgte natürlich für Empörung. Es gibt also keine echte Frau Antje – und selbst der vermeintlich typische Name Antje ist in Holland eher selten.

DIE SIND JA ALLE BEKIFFT

Naja, nicht ganz. In Europa stehen die Niederlande in Sachen Cannabiskonsum an sechster Stelle. Da sind andere Länder viel bekiffter. Das liegt vielleicht daran, dass man auf synthetische Drogen umgestiegen ist. Da sind die Niederländer im europäischen Vergleich nämlich die Nummer eins.

Geert Wilders oder Thierry Baudet mit fremdenfeindlichen Parolen Popularität. Das setzt die holländische Kultur der Toleranz zunehmend unter Druck.

DER HOLLÄNDERGRIFF

Blinken, bremsen, Gas geben – all das lernt man in der Fahrschule. Aber niederländische Fahrlehrer bringen ihren Schülern als Erstes bei, wie man aus dem Auto steigt, ohne Schaden anzurichten: Wer vor dem Öffnen der Tür nicht überprüft, ob sich ein Fahrrad nähert, verursacht schnell einen Unfall. Deshalb gehört vor dem Aussteigen selbstverständlich ein Blick in Rück- und Seitenspiegel dazu. Aber das reicht nicht: Die Fahrausweisaspiranten müssen die Tür mit der rechten Hand öffnen. Um das zu bewerkstelligen, gilt es die Hand vom Schalthebel zu lösen und vor dem Oberkörper nach links zur Tür zu greifen. Dieser etwas ungewöhnliche Griff ist als *Dutch reach* in die Geschichte eingegangen, zu Deutsch: Holländergriff. Er hilft nicht nur Unfälle mit Radfahrern zu verhindern, sondern ist auch ein probates Mittel gegen die vielen Windböen. Diese niederländische Art des Autotüröffnens ist bloß eine kleine Mühe – aber eine mit maximaler Wirkung.

POPULÄRES WINZMOBIL

Sie verstopfen Radwege und versperren manchem Fußgänger den Durchgang. Trotzdem sind die putzig anmutenden Miniautos in den Niederlanden ein beliebtes Transportmittel, denn die Zweisitzer mit dem griffigen Namen Canta dürfen kostenlos auf Gehwegen parken. Das seltsame Gefährt – oft knallrot lackiert und zuweilen von seinem Besitzer regelrecht in ein fahrbares Kunstwerk verwandelt – wurde einst als Behindertenfahrzeug konzipiert. Heute kurven auch Studenten, Hausfrauen und Kreative darin herum. Oder sie fahren damit gar in Urlaub: total klein, total cool und auch ohne Führerschein total legal! Entsprechend groß war der Aufschrei, als 2017 das letzte Benzinerwägelchen in Produktion ging. Die Gemüter beruhigten sich erst, als eine neue, elektrobetriebene Canta-Generation angekündigt wurde.

GEBURTSRITUALE

Kommt in den Niederlanden ein Kind zur Welt, essen die Erwachsenen runden Zwieback *(beschuit)* mit rosaroten oder hellblauen Zuckerstreuseln *(muisjes)*. Und zwar nicht nur Freunde und Verwandte, die den Säugling besuchen kommen – der Vater serviert diese Mäuschen auch seinen Kollegen am Arbeitsplatz! Die Streusel sind mit farbigem Zucker umhüllte Anissamen, die von werdenden Müttern schon immer zur Stimulation der Muttermilchproduktion gegessen wurden.

STATUSSYMBOL TULPE

Die Tulpen stammen ursprünglich aus Zentralasien. Ende des 16. Jhs. pflanzte Carolus Clusius die erste Zwiebel dieses Liliengewächses im botanischen Garten in Leiden. Im 17. Jh. galt die edle Blume als Statussymbol: Damals kosteten drei Tulpenzwiebeln so viel wie ein Amsterdamer Grachtenhaus. Jeder Kauf musste denn auch vom Notar beglaubigt werden. Die enormen Preise führten an der Börse zur ersten Spekulationsblase der Wirtschaftsgeschichte. Bis heute mischen die Niederlande beim weltweiten Tulpenhandel an vorderster Front mit. Und sie präsentieren jedes Jahr neue, noch buntere Sorten, die Namen tragen wie „100 % NL" oder „Pink Victoria Secret". Hauptanbaugebiet ist die ⚑ *bollenstreek,* der Tulpengürtel zwischen Haarlem und Den Haag.

VON DER WINDMÜHLE ZUR TURBINE

Früher waren es Zehntausende, heute gibt es noch etwa 1000 der typischen alten Windmühlen mit vier Flügeln. Die meisten stehen unter Denkmalschutz und werden nur an speziellen Tagen – etwa dem nationalen Mühlentag am zweiten Maisamstag – betrieben. Bei Kinderdijk südöstlich von Rotterdam steht mit 19 Windmühlen aus dem 18. Jh. das größte Mühlenensemble der Welt. Eine größere An-

sammlung authentischer Mühlen hat auch das Freilichtmuseum Zaanse Schans. Jahrhundertelang haben die Schöpfräder der Mühlen das sumpfige Gebiet der Niederlande entwässert. Vielerorts, etwa auf dem Flevopolder, hat man umgesattelt auf zeitgenössische Turbinen mit Rotor, die die historischen Mühlen abgelöst haben. So bleibt der Wind wichtige Energiequelle.

FRYSK

In der Provinz Friesland ist man stolz auf seine Kultur und Sprache, *Frysk* – Westfriesisch – ist hier anerkannte Amtssprache. Das irgendwo zwischen Deutsch und Englisch angesiedelte Friesisch hat zahlreiche regionale Varianten bis hinauf zur dänischen Grenze. In Friesland ist es Pflichtfach an der Schule, an der Universität Groningen wird Frisistik angeboten und in Leeuwarden widmet sich die Fryske Akademy der Erforschung und Förderung der friesischen Sprache.

It's a match: Hipster und Hausfrauen, Early Adopter und Kreative lieben das Kultauto Canta

ESSEN
SHOPPEN
SPORT

Die fliegenden Holländer: Beim *blokarten* fühlst du dich wie kurz vorm Abheben

ESSEN & TRINKEN

Die niederländische Küche ist eine Multikultiküche für Entdeckungsfreudige und gleichzeitig ziemlich exotisch – die Palette reicht vom bodenständigen *stamppot* und *pannenkoeken* bis zur indonesischen Reistafel.

Geschäftsleute aus dem Ausland erfahren spätestens beim ersten Businesslunch ihren ganz persönlichen Kulturschock: Auch in Vorstandsetagen besteht die Mittagspause oft aus nichts anderem als ein paar belegten Broten mit einem Glas Milch oder Buttermilch, Saft und danach Kaffee. Diese Kargheit ist eine Seite der kulinarischen Medaille. Bodenständige Hausmannskost, der klassische *hollandse pot* mit Kartoffeln, Gemüse und Fisch oder Fleisch, ist sehr beliebt und wird vor allem auf dem Land noch sehr oft gegessen. Dabei ist, was in vielen Ländern nicht einmal die kleinen Kinder dürfen, in Holland die normalste Sache der Welt: Hier darf man sein Essen nach Herzenslust zermanschen.

HAGELSLAG UND GESTAMPTE MUISJES

Die meisten Niederländer beginnen ihren Tag mit Hagel und toten Mäusen: *Hagelslag* sind Schokostreusel und *gestampte muisjes* („zerstampfte Mäuschen") ist Anispuder, das auf einem noch warmen Buttertoast zu einer köstlichen Kruste wird. Und für die ganz Hartgesottenen gibt es anstelle von Erdnussbutter auch *speculoospasta,* einen Brotaufstrich mit Spekulatiusgeschmack. Studien haben festgestellt, dass die holländischen Kinder die glücklichsten sind. Das könnte am Frühstück liegen ...

DIE SNACK-WELTMEISTER

Der bereits erwähnte Lunch hat es angedeutet, viel Zeit nehmen sich die Niederländer nicht fürs Essen. Sie sind

Muss man einfach lieben: poffertjes (li.)

Weltmeister im kleinen Happen zwischendurch, dem Snack. Nach Feierabend treffen sie sich zum Aperitif *(borrel)* und natürlich gehören auch hier die entsprechenden *hapjes* dazu. Klassiker sind Kroketten (mit Fleisch, Käse oder Garnelen), *bitterballen,* die runde Version der *kroket, vlammetjes,* kleine Frühlingsrollen, die in eine scharfe Sauce getunkt werden. Pommes frites isst man hier gern mit pikanter Erdnusssauce *(pindasaus).* Eine Snackbar, die etwas auf sich hält, hat immer eine breite Auswahl an Frittiertem. Der Einstieg fällt nach ein paar Gläsern Bier sicher am leichtesten, aber einmal auf den Geschmack gekommen, wird ein *berehap* (in Scheiben geschnittene Frikadelle mit Zwiebelringen, meist mit Erdnusssauce) oder *kapsalon* (eine wilde Mischung aus Pommes, Dönerfleisch und geschmolzenem Käse, mit Salat und scharfer Sauce garniert) zum Erlebnis.

Erste Adresse für Snacks ist die Kette Febo, bei der die Krokette oder der Hamburger auch aus dem Automaten kommt. Wem das alles zu heftig ist: Ungebrochener Beliebtheit erfreuen sich auch schlichte Käsewürfel mit Senf.

EINE WELT FÜR SICH: KÄSE

Apropos Käse: Der Würfelkäse in Cafés ist meist Maasdammer, die holländische Version des Emmentalers, oder Gouda – zart und leicht salzig. Holländischer Käse mag auf den ersten Blick überall gleich aussehen (rund, gelb, Hartkäse halt), die Finesse liegt in der Herkunft, der Bereitung und im Reifegrad: *Jong* ist er vier Wochen gereift, *jong belegen* acht bis zehn Wochen, *belegen* (mittelalt) vier bis sieben Monate, *extra belegen* sieben bis acht Monate, *oud* mindestens zehn Monate und *overjarig* über ein Jahr lang gereift. Auch die Käse aus Ziegen- und Schafsmilch schmecken gut oder Käse, dem Kümmel, Nelken, Pfeffer oder Basilikum zugesetzt wurde. Beim *boerenkaas* (Bauernkäse) wird der Käse aus nicht pasteurisierter Rohmilch hergestellt. *Graskaas* ist Käse aus der Milch vom ersten frischen Gras des Frühjahrs. Es lohnt sich, sich einmal richtig durchzuprobieren und im Sommer einen der traditionellen Käsemärkte in Gouda, Edam, Woerden, Hoorn oder Alkmaar zu besuchen. In Alkmaar und Gouda gibt es außerdem ein Käsemuseum. Und wenn du dann schon auf dem Markt bist: Hier gibt es noch die altmodischen Lakritzverkäufer, bei denen man sich seine *dropjes* in gigantischer Auswahl von supersalzig bis übersüß selbst zusammenstellen kann.

INSIDER-TIPP
Lakritz in jeder Form und Farbe

EINMAL UM DIE GANZE WELT

Der Handel mit Waren aus fernen Ländern, insbesondere Gewürzen, hat die niederländische Küche stark geprägt, vor allem die Einflüsse aus Indonesien und Suriname sind groß. Wer die asiatische Küche liebt, sollte unbedingt eine indonesische Reistafel probieren oder bei einem Surinamer asiatische und südamerikanische Nuancen in einem Gericht schmecken. Aufgepasst bei scharfem Essen: Hier liegt die Schmerzgrenze um einiges höher als in Deutschland! Vor allem in Den Haag ist die Dichte von indonesischen Restaurants groß, aber in allen großen Städten gibt es viele Restaurants aus allen Ecken der Welt. Rund um den chinesischen Tempel am Zeedijk in Amsterdam finden sich die besten chinesischen Restaurants und gelungene Beispiele für Fusion-Food. Lass dich überraschen von der kapverdischen, antillischen, japanischen oder somalischen Küche!

CAFÉ IST NICHT CAFÉ …

Ein Café ist in den Niederlanden nicht oder nicht nur ein Café, wo man sich auf eine Tasse Kaffee und ein Stück Torte trifft. Mittags geht man ins *eetcafé* für eine einfache Mittagsmahlzeit. Das „echte" *café* ist mehr eine schon nachmittags geöffnete Kneipe, man bekommt vor allem Bier, Schnaps, Wein und *bitterballen*. Das traditionelle holzgetäfelte und daher *bruine café* – oft mit einem als Tischtuch dienenden Teppich – serviert Kaffee eigentlich nur aus Mitleid und zeichnet sich vor allem durch seine Vielfalt an Biersorten aus.

… UND SCHNAPS IST NICHT GLEICH SCHNAPS

Das Schnapsbrennen hat eine lange Tradition. Das Wort *genever* (Wacholderschnaps) taucht in alten Schriften erstmals 1608 auf. Ein echter Korn heißt hier *korenwijn*. Bekannt ist auch der friesische *berenburger*, ein Kräuterschnaps. Die Schnapsgläser werden randvoll eingeschenkt, mit einem sogenannten *kopje*. Man beugt sich zum Glas hinunter und schlürft den ersten Schluck. Falls die Reste der Geneverflasche nicht mehr für ein volles Glas mit *kopje* reichen: so schnell wie möglich austrinken! Der Wirt schenkt aus der neuen Flasche gratis ein zweites Glas nach – so will es ein alter Brauch.

Unsere Empfehlung heute

Klassiker

**ASPERGES MET KRIELTJES
IN BOTERSAUS**
Spargel mit Frühkartoffeln in Buttersauce

ANDIJVIESTAMPPOT
Eintopf aus Endivien und Kartoffeln

HUTSPOT
Eintopf aus Rindfleisch, Möhren,
Zwiebeln und Kartoffeln

ERWTENSOEP
Erbsensuppe mit Pumpernickel
und Katenspeck

UITSMIJTER
Spiegeleier, Schinken und Weißbrot
(strammer Max)

OSSENWORST
Rohe Rindfleischwurst

Regionale Spezialitäten

TEXELSE LAMSBOUT
Keule vom Salzwiesenlamm aus Texel,
aromatisch und leicht salzig

BRABANTSE KOFFIETAFEL
Brabanter Bauernfrühstück mit vielen
Sorten Roggenbrot, Mettwurst,
Bauernschinken und Apfelmus

MOLLEBONEN
Geröstete Saubohnen, leicht süßlich,
aus Groningen

FRYSKE MOSTERDSOEP
Friesische Senfsuppe

Süßes & Desserts

VLAAI
Hefekuchen mit Früchten aus Limburg

FRYSKE DÚMKES
Friesische Löffelbiskuitvariante mit
Ingwer und Anissamen

BOLUS
Dünnes Brot mit Zucker-Zimt-Schicht
aus Zeeland

OLIEBOLLEN
In Zucker gewendeter Ölkrapfen

KRENTENBOL
Rosinenbrötchen

POFFERTJES
Kleine Pfannkuchen

APPELFLAP
dreieckiges, mit Äpfeln, Rosinen und
Zimt gefülltes und mit Kristallzucker
bestreutes Blätterteiggebäck

STROOPWAFEL
Honigsirupwaffel

SHOPPEN & STÖBERN

FÜR GAUMEN UND NASE

Käse, Käse, Käse! Am besten kauft man ihm beim Erzeuger auf dem Land – halt Ausschau nach Schildern mit Käsesymbol oder dem Wort *kaasboerderij*. Beim Käsekauf ist es üblich zu kosten. Ein guter Händler reicht erst eine Probescheibe, bevor er dir ein Stück Käse abschneidet. Viele Käseläden bieten für den Transport nach Hause Vakuumverpackung an. *Stroopwafels,* runde, mit dickflüssigem, süßem Sirup gefüllte Waffeln, und Pfefferminzbonbons gibt es in dekorativen Dosen.

FUNDGRUBEN FÜR LESERATTEN

INSIDER-TIPP
Keine Schatzkarte, aber Kartenschätze

Eine Australienkarte, auf der „New Holland" steht? Oder eine Stadtkarte von Surabaya? Im Land der Seefahrer sind die Kartenabteilungen der Antiquariate unentdeckte Kontinente. Weil Deutsch als Wissenschaftssprache langsam verdrängt wird und immer weniger Niederländer Deutsch lesen, kann man in den Antiquariaten vor allem der Unistädte wahre Schätze heben.

SCHÄTZE ZUM VERGRABEN

Tulpenzwiebeln sind Mitbringsel, die zweimal Freude machen: wenn sie verschenkt werden und wenn sie aufblühen. Es gibt sie in jedem Souvenirgeschäft in schönen Verpackungen, auch mit Erde und Topf, aber natürlich auch pur auf Märkten oder in Gartencentern. Die Auswahl ist riesig, auch weil jedes Jahr neue Sorten gezüchtet werden. Bioblumenzwiebeln tragen – wie alle biologisch erzeugten Produkte in den Niederlanden – das Gütesiegel EKO.

ALLES BLAU UND WEISS

Delftsblauw heißt die weiß-blaue Keramik, die man beim (als sehr unhöflich empfundenen) Blick in niederländische Wohnzimmer sieht. Sie kommt

Käse und blau-weiße Delfter Keramik: zwei Klassiker in Sachen Holland-Mitbringsel

aus Delft, ist aber keine geschützte Marke, wird also vielfältig nachgemacht und ist in allen Preiskategorien zu haben. Stilsicherheit beweist, wer eine Tulpenpyramide ersteht, in die die Blumen einzeln hineingestellt werden, oder eine antike Kachel. Diese sind Sammlerobjekte, vor allem, wenn sich das Motiv über mehrere Kacheln erstreckt.

COOLE HINGUCKER

Niederländische Designer haben dem *Delftsblauw* den Geschmack von Gelsenkirchener Barock genommen und die Windmühlenmotive spielerisch in blau-weiße Lustobjekte verwandelt. Dutch Design ist minimalistisch, experimentell, innovativ, unkonventionell und witzig. Die Designer des Amsterdamer Labels Droog *(droog.com)* sind weltweit bekannt für ihre eigenwilligen, nostalgischen Kreationen. Mit ihren Stühlen aus Lumpen, Lampen

aus Milchflaschen oder Fingerringen, aus denen synthetisches Gras wächst, erfinden sie den Alltag neu. Ihre Geschirrreihe mit Farbspritzern in Delfter Blau ist mittlerweile ein Klassiker, ebenso ein leuchtendes Herrenhemd als Lampe oder ein Kerzenhalter aus dem 3-D-Drucker. Solche Objekte und Gebrauchsgegenstände finden sich in den meisten Museumsshops und natürlich in der *Galerie Droog (Staalstraat 7 | droog.com)* in Amsterdam.

SCHICK & LÄSSIG

Auch klamottentechnisch sind die Niederlande gut aufgestellt. Richtig billig ist hier allerdings nichts, auch nicht in den vielen Vintage- und Secondhandläden. International bekannt ist das Designerduo Viktor & Rolf *(viktor-rolf.com)* und Jan Taminiau *(jantaminiau.com)* erwarb sich mit dem königsblauen Krönungskleid für Königin Máxima ewigen Ruhm.

SPORT

Ein Land, das dem Meer abgerungen ist und täglich pumpen muss, um trockene Füße zu behalten, ist prädestiniert für jede Form von Wasser- und Eissport. Und die Dünenlandschaften und Waldgebiete machen Radlern, Wanderern und Mountainbikern Laune.

EISLAUFEN

Holländer sind begeisterte Eisschnellläufer und Athleten wie Ireen Wüst und Sven Kramer nationale Helden. Sobald im Winter das Eis dick genug ist, packt die Niederländer das Eisfieber und sie flitzen in großen Scharen über die Grachten und Kanäle. Das absolut größte Spektakel ist die *elfstedentocht,* eine Tagestour über 200 km durch elf Städte der Provinz Friesland – der Traum eines jeden Schlittschuhläufers. Sie kann allerdings nur stattfinden, wenn das Eis die 16 000 Eisläufer auch wirklich trägt, was zuletzt im Januar 1997 der Fall war. Weil die Winter immer milder werden und das Schlittschuhlaufen auf offenen Gewässern immer ungewisser, fluten Vereine Felder und entstehen überall Eisstadien. Die großen Städte haben Eisbahnen *(schaatsbaan),* wo man sich Schlittschuhe leihen kann und mit ganzen Schulklassen um die Wette läuft. Das Mekka des Eislaufens ist das Thialf-Stadion *(thialf.nl)* im friesischen Heerenveen. Viele Infos rund ums Eislaufen, auch zur Eisdicke, findet man auf *schaatsen.nl.*

RADFAHREN

35 000 km Fahrradwege haben die Niederlande und jede Menge bewährte Radrouten für kurze Spritz- und lange Tagestouren. Die Wege sind gut ausgeschildert. Viele Dörfer und Städte veranstalten vor den Sommerferien die sogenannte *Fiets-4daagse (fiets-4daagse.nl),* eine abendliche Radtour

Wattwandern auf den Waddeneilanden: Fuß- und Wadenworkout in Westfriesland

an vier aufeinanderfolgenden Tagen, an der man gratis teilnehmen kann. Schöne Radelgebiete sind natürlich die Dünen an der Küste mit guten Fahrradwegen, die Veluwe zwischen Apeldoorn, Arnhem und Ede mit Heidelandschaften und Waldgebieten oder die Betuwe bei Nijmegen in der Provinz Gelderland mit einer Reihe von romantischen Schlössern. Eine geniale Kombination sind Radel-Kreuzfahrten: tagsüber Radtouren, abends gemütlich in der eigenen Schiffskabine übernachten. Leihräder findet man in fast jeder Ortschaft, in den Städten meist am Bahnhof, meist für etwas mehr als 5 Euro pro Tag.

MOUNTAINBIKEN

Nur weil das mit den Mountains in den Niederlanden etwas schwierig ist, heißt das nicht, dass es keine anspruchsvollen Trails gäbe. Ein Klassiker ist die Dünenroute von Schoorl mit steilen Anstiegen auf die höchste Düne von Nordholland, Abfahrten durch lockeren Dünensand und trickreichen Waldpfaden. Vom höchsten Punkt der Route hat man einen weiten Blick über Dünen und Meer. Auch super: der St. Pietersberg in Maastricht mit Start in der Innenstadt und steilen Anstiegen. *mtbroutes.nl*

INLINESKATEN

Skaten kann man in den Niederlanden fast ebenso gut wie Rad fahren. Radwege dürfen auch mit Rollerblades benutzt werden – sofern man die Bremstechnik beherrscht. Einen Friday Night Skate gibt es in den großen Städten, ebenso Skateparks mit Sprungrampen. Bei den meisten VVV-Büros gibts detaillierte Skateinfos mit Tourenvorschlägen.

Eine tolle, rund 25 km lange Tour führt von Leeuwarden an breiten Kanälen entlang bis nach Sneek, einer der elf

Städte der *elfstedentocht*. Die Tour beginnt beim VVV-Büro vor dem Bahnhof von Leeuwarden. Man folgt dem Stationsweg rechts und überquert nach ein paar Hundert Metern den Bahnübergang. Dann weiter auf der Einkaufsstraße Schrans in Richtung Goutum. Der Bodenbelag ist auf diesem Anfangsstück noch keine reine Freude; erst bei der Verlengdeschrans wird das Klinkerpflaster etwas gleichmäßiger. Am Ende dieser Straße folgt eine leichte Steigung über den Van-Harinxma-Kanal bis zu den Verkehrsampeln. Hier links abbiegen zum Boxsymerdyk. Auf diesem Deich geht es weiter in Richtung Wijtgaard. Hier rollst du schon bald über wunderbaren Asphalt, sodass dir höchstens der Gegenwind zu schaffen machen könnte.

Über Wijtgaard geht es weiter in Richtung Reduzum. Bei der riesigen Windturbine rechts ab und den Wegweisern nach Sneek folgen. Gleich hinter der Kurve gibt es an der rechten Böschung einen Picknickplatz mit Tisch und Bänken. Dann geht es ziemlich rasant bergab durch eine Unterführung und auf den Snitserdyk. Bei der Abzweigung in Raerd kannst du einen Bogen über das Dorf Easterwierrum entlang der Zwette Trekvaart fahren oder den Zielort direkt ansteuern. Kurz vor Sneek folgst du dann dem ausgeschilderten Weg entlang dem Oosterdijk ins Zentrum.

WANDERN & WATTWANDERN

Es gibt Hunderte Spazier- und Wanderwege durchs ganze Land, die gut ausgeschildert und mit vielen Infos zu Flora und Fauna versehen sind. Routenkarten liegen meist gratis in den Touristenbüros aus und das Internet wimmelt von Vorschlägen (Suchwort: *wandeltocht*): anwb.nl/wandelen/wandelroutes, wandelnet.nl/themas/ns-wandelingen, natuurmonumenten.nl/wandelen.

Eine eigene Disziplin sind Wattwanderungen an der Nordseeküste. Wegen der Gezeiten kann man nur zu bestimmten Zeiten ins Watt und sollte unbedingt nur mit Führung gehen *(wadgids.nl)*. Dafür erlebt man die Natur des Wattenmeers ganz hautnah, sieht Muschelbänke, Priele, Wattwürmer und an manchen Stellen Seehunde. Wer barfuß läuft, bekommt eine kostenlose Fußmassage. Es gibt auch Touren zu und zwischen einigen Inseln, die auch mit Bootsfahrten kombiniert werden können.

INSIDER-TIPP
Wattwandern und Schlickrutschen

WASSERSPORT

Rund ums IJsselmeer, in Friesland, entlang der Nordseeküste in Zeeland oder auf den zahlreichen Seen lassen sich Kanus, Ruderboote, Surfbretter und Segelboote ausleihen. Vielerorts gibt es Segelkurse und die Möglichkeit, auf großen Booten wie den historischen IJsselmeerbooten, den *skûtsjes,* mitzusegeln. Stand-up-Paddling funktioniert auf den Grachten der Innenstädte gut, weil es da so gut wie keine Strömung gibt. Wer mal Wasserski oder Wakeboarden ausprobieren möchte, findet am Veerse Meer in Zeeland mehrere Anbieter: schotsmanwatersport.nl, protestwakeboardworld.nl, watersport verhuurbedrijfdearne.nl

SCHWIMMEN & TAUCHEN

Neben der Nordsee mit ihren breiten Stränden sind auch viele Seen und Flüsse gut geeignet zum Schwimmen. Die Website *zwemwater.nl* sagt dir, wo du sicher und gut schwimmen gehen kannst. Taucher amüsieren sich in der Nordsee und im Flussdelta von Zeeland. Vor allem vor der Insel Texel liegen unzählige Schiffswracks.

STRANDSEGELN

Wem Segeln zu oldschool ist, der kann sich für einen Workshop im *blokarten (bewarebeach.nl/blokarten)* anmelden. Mit kleinen, leichten Wagen und Segel flitzt man über den harten Sandstrand. Durch die Bodennähe ist das Geschwindigkeitsempfinden viel intensiver. Eine besondere Szenerie ist der Strand von IJmuiden. Hier liegt die größte Stahlkocherei der Niederlande – man rast vor rauchenden Hochöfen über den Strand *(blokarten ijmuiden.nl)*.

KLOOTSCHIESSEN

Boßeln oder *klootschieten* ist ein frühmittelalterliches Spiel, bei dem es gilt, mit einem Ball *(kloot)* einen Parcours zu durchlaufen. Der erste Werfer nimmt Anlauf und wirft den kleinen Ball so weit er kann. Von dort, wo er landet, wirft ihn der nächste und so weiter bis zum Ende der Strecke. Die Partei, die am wenigsten Würfe braucht, hat gewonnen. *Klootschieten* wird vor allem noch im Achterhoek nahe der deutschen Grenze gespielt.

KORFBALL

Eine Sportkuriosität: Vor rund 100 Jahren erfand ein niederländischer Lehrer diese Variante des Basketballs, die mit gemischten Teams gespielt wird. In den Niederlanden ist Korbball sehr beliebt. Obwohl 67 Länder Korbballverbände haben, sind mit einer einzigen Ausnahme (1991, Belgien) bisher immer die Niederländer Weltmeister geworden.

Radfahren? Viel zu oldschool! Wer auf sich hält, ist mit Stand-up-Paddle unterwegs

DIE REGIONEN IM ÜBERBLICK

N o o r d z e e

Stürz dich ins urbane Leben der großen Städte, feier auf den Stränden

AMSTERDAM

RANDSTAD S. 38

Den Haag

Utrecht

Lek

Rotterdam

40 km
24.86 mi

DER SÜDWESTEN S. 116

Breda

Westerschelde

Die niederländische Südsee: Wandern an endlosen Stränden

Schelde

BELGIË

BELGIQUE

FRIESLAND UND DER NORDEN S. 74

Finde dein Zen im Wattenmeer oder auf den Seen und in den Mooren

Waddenzee

Ems

Groningen

IJssel-meer

IJssel

Enschede

NEDERLAND

DER OSTEN S. 92

Niederlande klassisch: Wassersport und alte Hansestädte

DEUTSCHLAND

Waal

DER SÜDEN S. 106

Maas

Genießen mit den lebenslustigen Limburgern zu Füßen des höchsten „Bergs"

Eindhoven

Maastricht

RANDSTAD

DAS PULSIERENDE ZENTRUM

Logisch für eine Seefahrernation: Die drei größten Städte der Niederlande liegen an der Küste. Amsterdam, Den Haag und Rotterdam sind der Kern der sogenannten Randstad, die Universitätsstädte Leiden, Utrecht, Delft sowie Haarlem und noch ein paar kleinere Städte gehören ebenfalls dazu.

Ein Drittel der 17,2 Mio. Niederländer wohnt hier – der Städtering in den Provinzen Noord-Holland, Zuid-Holland und dem Westen der Provinz Utrecht ist damit eines der am dichtesten besiedelten Ge-

Amsterdamer Flair: Hausboote auf der Prinsengracht

biete der Welt. In der Randstad spielt sich das politische, kulturelle und wirtschaftliche Leben der Niederländer ab, mit Hauptstadt, Regierungssitz samt König, größtem Hafen, Medienstadt Hilversum, zahlreichen Hauptquartieren großer Konzerne wie Shell oder Heineken und den wichtigsten Museen, Theater- und Musikzentren.

Eine echte Überraschung ist das *groene hart,* das grüne Herz mittendrin: Da grasen Kühe zwischen Deichen, Seen, Windmühlen und vielen weiteren Postkartenmotiven.

RANDSTAD

MARCO POLO HIGHLIGHTS

★ **RIJKSMUSEUM IN AMSTERDAM**
Rembrandts „Nachtwache“ und alte niederländische Kunst vom Feinsten ➤ S. 43

★ **KINDERDIJK**
19 Windmühlen in Reih und Glied ➤ S. 69

★ **MAURITSHUIS IN DEN HAAG**
Weltberühmte alte Meister in goldenem Rahmen ➤ S. 57

★ **RIETVELD SCHRÖDERHUIS IN UTRECHT**
Das Musterbeispiel der niederländischen Bauhausvariante De Stijl zählt zum Weltkulturerbe ➤ S. 71

★ **HAARLEM**
Gemütliches Städtchen in Noord-Holland ➤ S. 51

★ **KEUKENHOF**
Im Frühjahr ein Muss: das Tulpenmeer bei Lisse ➤ S. 55

★ **HAFENRUNDFAHRTEN IN ROTTERDAM**
Riesige Docks, Werften und Silos im größten Hafen Europas ➤ S. 64

★ **VAN-GOGH-MUSEUM IN AMSTERDAM**
Die weltweit größte Van-Gogh-Sammlung ➤ S. 45

★ **MUSEUM BOIJMANS VAN BEUNINGEN IN ROTTERDAM**
Moderne Kunst von Picasso und Dalí bis Matisse und Kandinsky ➤ S. 65

★ **ANNE-FRANK-HUIS IN AMSTERDAM**
Wo das Tagebuch geschrieben wurde, das dem Schrecken ein Gesicht gab ➤ S. 42

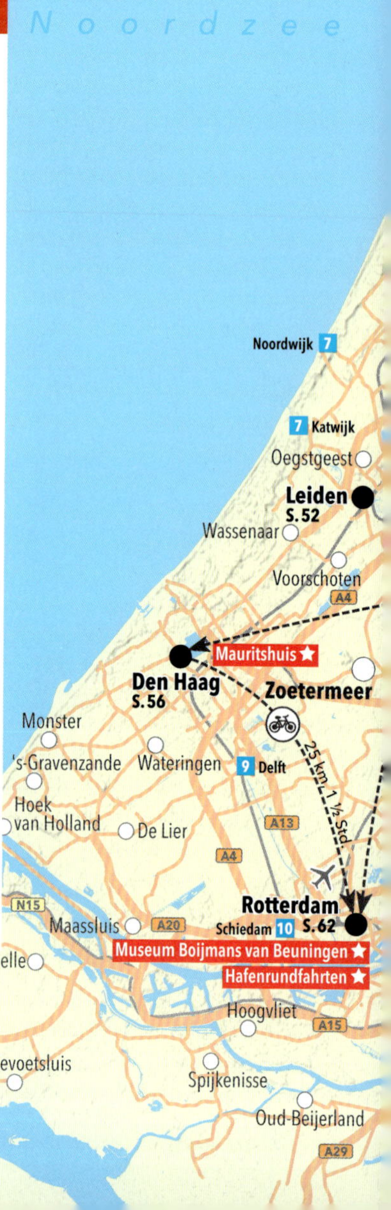

Noordzee
Noordwijk 7
7 Katwijk
Oegstgeest
Leiden
S. 52
Wassenaar
Voorschoten
A4
Mauritshuis ★
Den Haag
S. 56
Zoetermeer
Monster
's-Gravenzande
Wateringen
9 Delft
25 km 1 ½ Std.
Hoek van Holland
De Lier
A13
A4
N15
Rotterdam
Maassluis
A20
Schiedam 10
S. 62
Museum Boijmans van Beuningen ★
Hafenrundfahrten ★
Brielle
Hoogvliet
A15
Hellevoetsluis
N57
Spijkenisse
Oud-Beijerland
A29

10 km
6.22 mi

AMSTERDAM

(📖 D8) **Die niederländische Hauptstadt (855 000 Ew.) ist einmalig ei-
genartig und gleichzeitig typisch
niederländisch. Der freie Handels-
geist, der die Stadt einst groß gemacht hat, wirkt bis heute.**

Das gesamte historische Zentrum von
gut acht Quadratkilometern ist Unesco-
Weltkulturerbe. Amsterdam ist die
Stadt der Händler, der Kreativen und
des Großkapitals. Schon im Goldenen
Zeitalter war eine Adresse an den Kanälen, dem Grachtengürtel, eine gute
Visitenkarte. Am besten genießt man
die prächtigen Kaufmannspaläste auf
einer Bootsfahrt vom Wasser aus.
Vom Grachtengürtel schlendert es sich
mühelos zum Museumplein mit drei
großen Museen und dem Concertge-
bouw. Zum Ausruhen ideal ist das re-
laxte Viertel Plantage mit Parks, Hor-
tus Botanicus und Zoo. Die Skyline
lässt du am besten von der NDSM-
Werft aus auf dich wirken – die öffentliche Fähre bringt dich hin. Ausführlich informiert der MARCO POLO Reiseführer „Amsterdam".

WOHIN ZUERST?

Guter Startpunkt ist der **Hauptbahnhof.** Von dort bist du sofort
im historischen Zentrum mit den
Grachten und dem Rotlichtviertel.
Auf der Bahnhofsrückseite legen
die 🐷 Gratisfähren nach Noord ab.
Autofahren in der Innenstadt ist so
gut wie unmöglich, Parken teuer.
Am besten ab ins Parkhaus und
ein Rad mieten oder gleich mit
dem Zug kommen. Metro, Tram,
Bus und Fahrrad sind für Amsterdam vollkommen ausreichend.

SIGHTSEEING

ANNE-FRANK-HUIS ★

Die Geschichte des jüdischen Mäd-
chens Anne Frank ist eine der berühm-
testen des Zweiten Weltkriegs. Ihre Eltern flüchteten 1933 mit der 1929 in
Frankfurt geborenen Anne vor den
Nazis in die Niederlande. Als auch Holland von den Deutschen besetzt war,
tauchte sie 1942 mit ihren Eltern und
anderen Juden in einem Hinterhaus
an der Prinsengracht unter, wo sie
1944 entdeckt wurde. 1945 wurde sie
im KZ Bergen-Belsen von den Deutschen ermordet. Das Museum zeigt
das Versteck und erzählt die Geschichte der Familie Frank und der geschätzt
300 000 Untergetauchten in Amsterdam während des Zweiten Weltkriegs.
Am eindrucksvollsten ist die als Bü-
cherschrank getarnte Drehtür, hinter
der sich der Zufluchtsort der Untergetauchten befand. Kauf die Tickets wegen des stets sehr starken Andrangs
unbedingt vorab online. Dann kannst
du das Museum direkt durch die Tür
links vom Haupteingang betreten. *April–Okt tgl. 9–22, Nov.–März So–Fr 9–19,
Sa 9–21 Uhr | 10 Euro | Prinsengracht
263 | annefrank.org |* ⏱ *2 Std. |* 📖 *h1*

HOMOMONUMENT

Amsterdam war lange so eine Art inof-
fizielle Hauptstadt der Schwulen-
bewegung in Europa. Das rosarote

Steindreieck hinter der Westerkerk nimmt das Motiv des rosa Winkels auf, den die Nationalsozialisten inhaftierten Homosexuellen in den Konzentrationslagern anhefteten. 📖 *h1–2*

alles über die Schulter oder an den Gürtel hängten! Im Taschenmuseum – der weltweit größten Sammlung dieser Art – erfährst du Amüsantes aus der Geschichte der Handtasche. Exzellen-

Das imposante Gebäude des Rijksmuseums könnte auch als Bahnhof durchgehen

BEGIJNHOF

Ein idealer Fleck, wenn du dich vom Stadtrummel etwas erholen möchtest: Schön bepflanzte Vorgärten und Kastanienbäume machen den Begijnhof zu einer Oase der Ruhe mitten in der Innenstadt. Seit dem Mittelalter lebten in diesen typischen Grachtenhäuschen, die um eine Kirche gruppiert sind, alleinstehende Frauen und Witwen, sogenannte Beginen: Keine Nonnen, behielten sie ihren Besitz und ihre Rechte und kümmerten sich um Kranke und Arme. Die letzte starb 1971. *Tgl. 9–17 Uhr | Eintritt frei | Spui |* 📖 *j3*

TASSENMUSEUM HENDRIKJE

Unglaublich, was Frauen und Männer sich in den letzten Jahrhunderten so

ter Museumsladen mit Handtaschen im Dutch Design! Wer sich einfühlen will ins Goldene Jahrhundert, reserviert für den High Tea. *Tgl. 10–17 Uhr | 13 Euro | Herengracht 573 | tassenmuseum.nl |* 📖 *j3–4*

INSIDER-TIPP
Genießen wie Amsterdams Happy Few

RIJKSMUSEUM ⭐

Das größte und wichtigste Museum der Niederlande hat alles, aber auch alles, was den Niederländern lieb und teuer ist. Ende des 19. Jhs. war Pathos angesagt und so beauftragte man mit dem Bau den Kathedralenspezialisten Pierre Cuypers. Das erkennt man seit der langjährigen Renovierung Anfang des 21. Jhs., die alle ursprünglichen

Elemente wieder freilegte. Die „Nachtwache" (1642) von Rembrandt van Rijn ist das Herzstück. Seit dem Zweiten Weltkrieg besitzt sie sogar eine eigene Fluchtroute durch einen schmalen Schlitz im Fußboden. Vor dem Gemälde oder vielleicht auch im Fahrradtunnel unten drunter an der Decke kannst du ihn vielleicht erspähen.

Die Ehrengalerie, das Heiligtum des Hauses im ersten Stock, zeigt die schönsten Bilder des Goldenen Zeitalters. Schön ist auch, dass das „Rijks" seine Schätze – 8000 Kunstwerke aus 800 Jahren in 80 Sälen – so präsentiert, dass man nicht schon nach dem dritten Frans Hals die Lust verliert. So ist beispielsweise der komplette Inhalt eines historischen Ostindien-Frachtschiffs ausgestellt, von chinesischen Vasen bis zu den Mützen der Matrosen. Und neben den Klassikern sammelt das Museum Kunst aus allen Epochen, die man chronologisch durchlaufen kann (aber nicht muss). Und bitte auf keinen Fall gehen, ohne einen Blick in die Gärten geworfen zu haben und den Fahrradtunnel, den Konzertsaal der Straßenmusikanten!

INSIDER-TIPP
Ein Tunnel als Konzertsaal

Im frei zugänglichen Garten gibt es jeden Sommer eine Skulpturenausstellung und im Treibhaus werden in Vergessenheit geratene Gemüsesorten gezüchtet, die im hausinternen Restaurant *Rijks* (So-Abend geschl. | *Tel. 020 6 74 75 55* | *rijksrestaurant.nl* | *€€–€€€*) serviert werden. *Tgl. 9–17 Uhr* | *20 Euro* | *Museumstraat 1* | *rijks museum.nl* | ⏱ *4 Std., um lange Wartezeiten zu vermeiden, im Voraus online mit Zugangszeit buchen* | ⌑ *h4–5*

VAN-GOGH-MUSEUM ★

Nirgendwo gibt es so viele Zeichnungen und Gemälde des großen Malers zu sehen wie in diesem modernen, hellen Haus. Natürlich die Sonnenblumen, aber auch viele Werke von Freunden und Zeitgenossen. *Sa–Do 9–17, im Sommer bis 18 bzw. 19, Fr 9–22 Uhr | obligatorische Onlinebuchung 19 Euro | Museumplein 6 | van goghmuseum.nl | ⏱ 2 Std. | ⅏ g–h5*

STEDELIJK MUSEUM

Das größte Museum für moderne Kunst des Landes präsentiert sich mit einem futuristischen Flügel, den die Amsterdamer Bevölkerung liebevoll „Badewanne" nennt. Zur rund 90 000 Objekte zählenden Sammlung gehören Hendrik Breitner, Piet Mondrian, Gerrit Rietveld oder Kazimir Malevich. Gut vertreten sind die Künstler von Bauhaus und Cobra sowie jene der amerikanischen Kunst nach 1945: Roy Lichtenstein, Willem de Kooning oder Andy Warhol. Auch Werke von Anselm Kiefer, Jeff Koons und Bruce Naumann sind zu sehen. Moderne Möbel, Reklameplakate, eine große Foto- und Videokollektion und, und, und runden das Angebot ab. Auf keinen Fall versäumen solltest du die „Beanery" von Edward Kienholz, ein lebensgroßes, begehbares Kunstwerk. *Sa–Do 10–18, Fr 10–22 Uhr | 18,50 Euro | Museumplein 10 | stedelijk.nl | ⏱ 3 Std. | ⅏ g5*

INSIDER-TIPP
Ein Walk-in-Kunstwerk

VONDELPARK

Die größte und schönste grüne Lunge von Amsterdam, Spiel- und Bolzplätze satt. Der Park ist besonders am Sonntag ein beliebtes Ausflugsziel für Familien, die mit Kind und Kegel ein Picknick veranstalten, Fußball spielen oder einfach in der Sonne sitzen. Wer einmal erleben möchte, was sich alles auf einem einzigen Fahrrad transportieren lässt oder wie Holländer ihre Kinder zur Schule bringen, sollte sich morgens hier auf die Lauer legen und die tägliche Völkerradelung an sich vorbei ziehen lassen. In den Sommermonaten gibt es außer Mo/Di nachmittags und abends ✆ Gratiskonzerte beim *Openluchttheater. ⅏ g4–5*

MAGERE BRUG

Von den etwa 1500 Amsterdamer Brücken ist diese hölzerne, weiße Klappbrücke aus dem 17. Jh. über die Amstel wohl die berühmteste. In ihrer heutigen Form datiert sie aus dem Jahr 1931. Der Brückenwärter öffnet sie ein paarmal pro Tag, um Schiffe passieren zu lassen. Nachts dekorativ beleuchtet, ist sie ein beliebtes Motiv für Amsterdamfilme. Sie führt direkt in die gemütliche Kerkstraat und zum lauschigen 🐵 *Amstelveld* mit Spielplatz und Café in der hölzernen Amstelkerk. ⅏ *k4*

HERMITAGE AMSTERDAM UND OUTSIDER ART MUSEUM

Die Verbindungen zwischen den Niederlanden und Russland sind alt. Der russische Zar Peter der Große lernte in Holland den Schiffsbau und sammelte danach Bilder von Rembrandt. Die Dependance der berühmten St. Petersburger Eremitage zeigt diese und andere Schätze in einem wunderbar restaurierten ehemaligen Diakonissenhaus aus dem 17. Jh. an der Amstel. Außerdem unterstützt die Hermitage mit Ausstellungen und Ateliers sogenannte Outsider Artists, Künstler mit psychischen Störungen. Diese Ausstellungen sind wahre Psychotrips: wild, witzig, berührend und ein gutes Gegenprogramm zu den alten Meistern. Sehr edel: das Caférestaurant *Neva* mit Patisserie und Lunchgerichten im selben Gebäude. Im Sommer sitzt man hier herrlich auf der Sonnenterrasse. *Tgl. 10–17 Uhr | Kombiticket 25 Euro | Amstel 51 | hermitage.nl, outsiderartmuseum.nl |* ⏱ *2½ Std. |* 🎞 *k3*

MICROPIA 🎭

Lebewesen, für die man eigentlich nicht in den Zoo geht: Mikroben, Bakterien und andere Mikroorganismen macht das Museum auf spielerische Weise mit viel Computertechnik und interaktiven Features sichtbar und klärt dabei auch letzte Fragen wie z. B. die, wie Mikroben eigentlich Sex haben. Star der Ausstellung ist der „Kiss-O-Meter", der misst, wie viele Mikroben bei einem Zungenkuss ausgetauscht werden. *So–Mi 9–18, Do–Sa 9–20 Uhr | 15 Euro, Kinder bis 9 Jahre 13 Euro | Plantage Kerklaan 36–38 | micropia.nl |* ⏱ *1 Std. |* 🎞 *l3*

INSIDER-TIPP
Mehr erfahren zum Thema Zungenkuss

SCHEEPVAARTMUSEUM

Der Innenhof des Schifffahrtsmuseums wurde mit einer spektakulären Glas-Stahl-Kuppel gedeckt. Darunter kann man auswählen, in welche interaktiven maritimen Erlebniswelten – Goldenes Zeitalter, Walfischfang, Amsterdamer Hafen – man eintauchen möchte. Für Liebhaber der Oldschool-Schifffahrt gibt es eine Route entlang historischer Navigationsinstrumente, Schiffsmodelle oder antiker Globen. Die vor dem Museum vertäute „Amsterdam", die Originalnachbildung eines Ostindienfahrers, kann ebenfalls besichtigt werden. *Tgl. 9–17 Uhr | 16,50 Euro | Kattenburgerplein 1 | scheepvaartmuseum.nl |* ⏱ *2½ Std. |* 🎞 *m2*

NEMO SCIENCE MUSEUM 🎭

Das von Renzo Piano entworfene, wie ein Schiffsrumpf aus dem Hafenbecken aufragende Museum ist ein Traum für kleine (und große) Entdecker. Für jede Altersgruppe gibt es Ausstellungen und Experimente, die in die Welt der Technik und Natur einführen, von Schwerkraft über Fotosynthese bis Raumfahrt. Und mehrmals täglich gibt es eine enorme Kettenreaktion, die man vom Treppenhaus aus verfolgen kann. *Tgl. 10–17.30 Uhr, einige wenige Schließtage s. Website | 17,50 Euro, bis 4 Jahre frei | Oosterdok 2 | nemosciencemuseum.nl |* 🎞 *l2*

NOORD

Noord war lange der blinde Fleck der Stadt: ein bisschen asozial, arm und ziemlich hässlich. Doch das hat sich geändert: Die ehemalige Shell-Zentrale ist heute das inoffizielle Hauptquartier der Musikszene. Die alte Schiffswerft *NDSM* beherbergt Künstlerateliers und Cafés wie *Pllek, IJKantine* und *Noorderlicht, Ceuvel (Mo geschl. | Korte Papaverweg 2–6 | deceuvel.nl)* ist ein Brutplatz für Start-ups mit Café in an Land gezogenen Booten. Im *A'DAM*-Turm mit Hotel, Restaurants, Skybar, Dance-Club und Büros für Kreative fährt ein Aufzug mit visuellen und akustischen Effekten zur 360-Grad-Aussichtsterrasse Lookout. Dort wartet u. a. die Schaukel *Over the Edge,* auf der du über den 100 m hohen Rand des Turms schwingst – ein spektakulärer Auftakt für einen Stadtbesuch. Um hinzukommen, nimm einfach eine der  kostenlosen Fähren am Bahnhof.

Im Osten von Noord ist auf einem alten Fabrikgelände das *FC Hyena (Mo–Fr 16–1, Sa/So 12–1 Uhr | Aambeldstraat 24 | fchyena.nl)* mit Café und Lümmelkino ein neuer Anlaufpunkt. Hier kommst du mit der Fähre vom IJplein oder von Javaeiland aus hin. ▥ 0

STADTSTRÄNDE

Zum Abkühlen zwischendurch gibt es in der und um die Stadt jede Menge Stadtstrände, die meisten davon mit Strandbar (aber nicht alle mit Bademöglichkeit!). Die Locations wechseln: *short.travel/nie9* | ▥ 0

ESSEN & TRINKEN

DE JAREN

Modernes Grandcafé mit hohen, hellen Räumen und einer tollen Terrasse am Wasser. Großer Lesetisch mit internationalen Zeitungen, im ersten Stock ein Restaurant (€–€€). *So–Do 8.30–1, Fr/Sa 8.30–2 Uhr | Nieuwe Doelenstraat 20–22 | Tel. 020 6 25 57 71 | ca fedejaren.nl |* ▥ j3

BROUWERIJ 'T IJ

Für die echten Bierliebhaber: In der Mühle de Gooyer, der größten Holzmühle des Landes, wird mit viel Herzblut biologisches Bier gebraut und gezapft. Im Sommer sitzt man herrlich auf der Terrasse mit langen Holztischen unter Bäumen. An den Wochenenden werden auch Führungen *(Fr–So 15.30 Uhr Englisch, 16 Uhr Niederländisch | 6 Euro inkl. 1 Bier | Anmeldung Tel. 020 2 61 98 00)* angeboten. *Tgl. 14–20 Uhr | Funenkade 7 | Tel. 020 2 61 98 01 | brouwerijhetij.nl |* ▥ 0

REM EILAND

Originelles Restaurant in luftiger Höhe auf einer ehemaligen Bohrinsel mit toller Aussicht auf den regen Schiffsverkehr auf dem Nordzeekanaal und auf das neue Wohnviertel Houthaven.

Renzo Pianos Nemo: Schiffsrumpf? Museum? Autozufahrt in den IJtunnel? Dreimal ja!

Schick shoppen statt Schalterschlangen: Magna Plaza in der einstigen Hauptpost

Internationale Küche, viele Fischgerichte. *Tgl.* | *Haparandadam 45-2* | *Tel. 020 6 88 55 01* | *remeiland.com* | *€€* | ⌖ *0*

PLLEK

Café und Restaurant in Containern auf der ehemaligen NDSM-Werft. Manchmal mit Lagerfeuer und Livemusik am Strand. *Tgl.* | *T. T. Neveritaweg 59* | *Tel. 020 2 90 00 20* | *pllek.nl* | *€€* | ⌖ *0*

SHOPPEN

Die wichtigsten Einkaufsstraßen sind die Fußgängerzonen *Kalverstraat* und *Nieuwendijk* für normales Shopping. Die eleganteste (und hochpreisige) Konsummeile ist die *P. C. Hooftstraat* beim Rijksmuseum im vornehmen Stadtteil Oud-Zuid. In den Quersträßchen des Grachtengürtels finden sich unzählige kleine Geschäfte, Boutiquen und Designwerkstätten, vor allem in den *negen straatjes* rund um die Wolvenstraat. Gleich hinter dem Paleis op de Dam residiert im imposanten alten Hauptpostamt die edle Shoppingmall *Magna Plaza.* Typische Amsterdamer Produkte, mit denen du dich als Kenner zeigst, sind z. B. Schokolade von Tony's Chocolonely *(to nyschocolonely.com),* Van-Moof-Fahrräder *(vanmoof.com)* oder eingelegte Gurken von Kesbeke *(kesbeke.nl).*

INSIDER-TIPP
Was bringen wir Mutti mit?

MÄRKTE

Für Trödel und Hippie-Outfits machst du am besten einen Abstecher zum *Waterlooplein.* Möchtest du dazu auch noch Obst und Gemüse kaufen, besuchst du besser den *Albert Cuyp Markt.* Waren aus aller Welt, von afrikanischen Stoffen bis zu Gemüse aus Suriname, gibts auf dem ▶*Dappermarkt* oder – für noch Exotischeres – auf der nahen *Javastraat.* Am Samstag trifft sich die Szene auf dem *Noordermarkt* beim größten Biomarkt.

INSIDER-TIPP
Multikulti-markt

SPORT & SPASS

TUN FUN 👥

Kinderparadies in einem nie eröffneten Autotunnel mit Trampolin, Rutschbahnen, Bastelecke und vielen Spielgeräten. Die Allerkleinsten vergnügen sich mit Bauernhoftieren oder im Bällebad, während die etwas Älteren schwankende Hängebrücken überqueren oder die Rutsche mit integriertem freiem Fall austesten. *Tgl. 10–18 Uhr | Erwachsene 3 Euro inkl. Verzehrcoupon, Kinder 1–12 Jahre 8,50 Euro | Mr. Visserplein 7 | tunfun.nl | ⊞ k3*

AUSGEHEN & FEIERN

Rund um *Leidseplein* und *Rembrandtplein* gibt es zahlreiche, bis tief in die Nacht geöffnete Bars, Kneipen, Clubs und Musikcafés. Das *Rotlichtviertel* und der *Waagplein* sind auch bei Amsterdamern beliebt. Gemütliches Kiezfeeling mit Kneipen und Cafés hat *De Pijp* hinter dem Marie-Heinekenplein und rund um den Albert-Cuyp-Markt. Jüngstes Epizentrum der Amsterdamer Partyszene sind der *ADAM-Turm* und die *NDSM-Werft* in Noord.

STOPERA

Das niederländische National Ballet und die Nationaloper teilen sich das Gebäude mit der Bürgermeisterin. *Amstel 3 | operaballet.nl | ⊞ k3*

PATHÉ TUSCHINSKI

Ein Kinopalast in reinstem Jugendstil. Selbst wenn du gar keine Lust auf Film hast, wirf unbedingt kurz einen Blick in die Lobby! *Reguliersbreestraat 26–34 | pathe.nl/bioscoop/tuschinski | ⊞ j3*

PARADISO

Legendärer Konzertsaal in einer alten Kirche. Megastars kommen hierher, wenn sie die Arenen satthaben und wieder mit ihren Fans auf Tuchfühlung gehen wollen. *Weteringschans 6–8 | paradiso.nl | ⊞ h4*

CONCERTGEBOUW

Internationale Spitzenadresse für klassische Musik wegen der hervorragenden Akustik und seines renommierten Hausorchesters, des Koninklijk Concertgebouworkest. Jeden Mittwoch um 12.30 Uhr gibt es 🎫 gratis *Lunchkonzerte*. Die goldene Leier auf dem Dach leuchtet Besuchern schon von Weitem entgegen. *Concertgebouwplein 10 | concertgebouw.nl | ⊞ 0*

PANAMA

Ein Klassiker mit Theatersaal, Restaurant und Bar etwas abseits der Haupttrampelpfade in einem ehemaligen Generatorgebäude im Osthafen. *Oostelijke Handelskade 4 | panama.nl | ⊞ 0*

SUPPERCLUB CRUISE

Das Partyboot mit Restaurant und Dancefloor legt am Hauptbahnhof ab und fährt für einen Abend über das IJ. *De Ruijterkade 10a | supperclubcruise.nl | ⊞ 0*

RUND UM AMSTERDAM

❶ BLUMENAUKTION ROYAL FLORA IN AALSMEER 🚩

45 Min. vom Bahnhof Amsterdam-Zuid mit Buslinie 358

Auf dieser größten niederländischen Blumenauktion werden täglich mehr als 20 Mio. Schnittblumen und 2 Mio. Topfpflanzen versteigert – das Blumendrehkreuz Europas! *Mo–Mi und Fr 7–11, Do 7–9 Uhr | 8 Euro | Leegmeerdijk 313 | floraholland.com |* 🗺 *C–D9*

2 ZAANSE SCHANS
40 Min. vom Hauptbahnhof mit Buslinie 391

Holland, wie es am schönsten ist: In diesem (bewohnten!) Museumsdorf mit Käsehaus und dem ersten Krämerladen der Supermarktkette Albert Heijn siehst du eine ganze Reihe alter Mühlen. Eine Idylle, die aus einem Bild von Vermeer stammen könnte – ziemlich touristisch, aber fotogen. *Tgl. 9–17 Uhr | Zugang gratis, Eintritt einzeln bei Mühlen und Museen, Tageskarte (Zugang zu mehreren Attraktionen, reduzierter Tarif beim Rest) 15 Euro | dezaanseschans.nl*

Die Umgebung, die *Zaanstreek,* ist ebenso reich an imposanten alten Industriegebäuden wie an charakteristischen Holzhäuschen. Eine Fähre *(rederijlee.com)* verbindet Amsterdam in rund zwei Stunden mit Zaandam; von dort geht es weiter mit einem Elektroboot. Zudem gibt es mehrere Bootsverleihe, die elektrisch betriebene Schaluppen sowie Kanus vermieten. 🗺 *D8*

3 MARKEN
30 Min. von der Metrostation Noord mit Buslinie 315

In dem pittoresken Fischerdorf mit kleinen, grünen Holzhäuschen und hübschem Hafen schnupperst du eine Prise altes Holland – wenn du über die Touristenscharen hinwegsiehst, die das auch vorhaben – und kannst dich in Markener Tracht ablichten lassen. 🗺 *D8*

In Zaanse Schans fühlt man sich schon mal wie in einem Bild von Jan Vermeer

HAARLEM

(📖 C8) ⭐ **Die Hauptstadt der Provinz Noord-Holland am Fluss Spaarne ist ein hübscher, typisch holländischer Ort mit 158 000 Ew., der im Gegensatz zum benachbarten Amsterdam richtig gemütlich wirkt.**

Viele Amsterdamer ziehen hierhin, auch weil man in 15 Minuten am Strand ist. Mehr als 1200 Häuser stehen unter Denkmalschutz. Eines der markantesten Gebäude der Stadt ist der Jugendstilbahnhof von 1908 mit seinen hübschen Fliesenbildern. Er war schon Drehort für einige Filme, in Steven Soderberghs „Ocean's Twelve" fungiert er allerdings als Amsterdamer Hauptbahnhof. Im historischen Zentrum rund um den großzügig angelegten Marktplatz und den lebendigen Botermarkt finden sich noch 20 alte *hofjes,* um stille Innenhöfe gruppierte Wohnanlagen.

SIGHTSEEING

GROTE ODER ST. BAVOKERK
Die monumentale Kirche auf dem Marktplatz war immer wieder ein beliebtes Sujet für Maler. Innen befindet sich die Grabstätte von Frans Hals. Prunkstück ist jedoch die Orgel von Christian Müller aus dem Jahr 1738. *Mo–Sa 10–17 Uhr | 2,50 Euro | Grote Markt | bavo.nl*

FRANS-HALS-MUSEUM
An zwei Standorten findest du hier neben Werken des Malers – er zählt neben Rembrandt und Vermeer zu den bedeutendsten holländischen Malern des Goldenen Zeitalters – eine interessante Sammlung von Porträts und Stillleben aus dem 17. Jh. und eine moderne Kollektion. *Di–So 11–17 Uhr | 15 Euro | Groot Heiligland 62/ Grote Markt 16 | franshalsmuseum.nl*

TEYLERS MUSEUM
In Zeiten, in denen Kunst und Wissenschaft noch nicht so getrennt wurden wie heute, waren Museen mitunter wilde Sammelsurien von Objekten aller Disziplinen. Wie aus einem Harry-Potter-Film entsprungen wirkt dieses bereits 1778 eröffnete Museum mit seinen Blumenstillleben, den Elektrisierapparaten und atmosphärischen Dampfmaschinen. Zum Glück sind die alten Museumsräume erhalten (und durch moderne ergänzt). *Di–Fr 10–17, Sa/So 11–17 Uhr/ 14 Euro | Spaarne 16 | teylersmuseum.nl | ⏱ 2½ Std.*

ESSEN & TRINKEN

FORTUYN
Voll im Trend, hat das Fortuyn eine große Snackkarte und internationale Küche mit Schwerpunkt auf Burgern und Grillgerichten. *Tgl. | Grote Markt 23 | Tel. 023 2 02 29 91 | fortuynhaarlem.nl | €–€€*

FRIS
Chefkoch und Besitzer Rick May ist berühmt für seine klassische französische Küche, die er kontinuierlich weiterentwickelt – pure Aromen und kein Firlefanz! Hast du den ganz großen Hunger, kocht er auch ein Achtgängemenü für dich. *So/Mo und mittags*

geschl. | Twijnderslaan 7 | Tel. 023 5 31 07 17 | restaurantfris.nl | €€

AUSGEHEN & FEIERN

PROEFLOKAAL IN DEN UIVER
Gemütliche Bar mitten in der Stadt. Donnerstags und sonntags spielt eine Jazzkapelle. *So/Mo 16–24, Di–Do 16–1, Fr/Sa 16–2 Uhr | Riviervischmarkt 13 | indenuiver.nl*

RUND UM HAARLEM

4 ZANDVOORT
10 km südwestlich von Haarlem/ 40 Min. mit dem Rad

An schönen Wochenenden tummelt sich halb Amsterdam auf dem breiten Sandstrand an der Nordsee direkt neben der Formel-1-Rennstrecke. Leider ist das einst mondäne Seebad (16 000 Ew.) in den 1970ern ziemlich zubetoniert worden, aber abseits vom Baderummel ist der *Nationalpark Kennemerduinen* sehr geeignet für einsame Dünen- und Strandwanderungen. ☐ *C8*

5 BLOEMENDAAL UND BLOEMENDAAL AAN ZEE
8 km bis Bloemendaal aan Zee westlich von Haarlem/30 Min. mit dem Rad

Rund um den Nobelvorort, der sich unmittelbar nördlich an Haarlem anschließt, lümmeln die höchsten Dünen der Niederlande: unter der Woche ein Radlerdorado der älteren Semester und jungen Familien, an Som-

merwochenenden Anlaufpunkt für alle Szenen: Amsterdamer Hippies zieht es ebenso wie jugendliche Trendsetter an den Strand von Bloemendaal, z. B. ins *Woodstock*, einen Strandpavillon mit wilden Festen und guten DJs, und in viele weitere Strandcafés, die jeden Sommer neu aufgebaut werden. ☐ *C8*

6 IJMUIDEN
10 km nördlich von Haarlem/40 Min. mit dem Rad

Hier mündet der 25 km lange Noordzeekanaal, der Amsterdam mit der Nordsee verbindet, ins Meer. Die Schleusenanlagen unweit der Stahlwerke mit ihren qualmenden Schloten gehören zu den größten der Welt. Vom ebenso gigantischen Pier aus kannst du dich ausgiebig dem Ozeanriesen-Spotting hingeben. Am frühen Morgen findet im Hafen die öffentliche Fischauktion statt. Der Strand von IJmuiden ist durch seine industrielle Kulisse selten voll, aber dafür von rauem Charme. ☐ *C8*

LEIDEN

(☐ C9) **Leiden (124 000 Ew., davon 27 000 Studenten) ist eine typische Unistadt mit vielen Cafés, Buchläden und Museen (13!). Die malerischen Grachten werden vom durch Leiden fließenden Oude Rijn (Alter Rhein) gespeist und bilden zusammen mit den hübschen Plätzen und vielen Bau- und Kunstdenkmälern eine attraktive Szenerie.**

De Burcht in Leiden: schöner Aussichtsplatz mitten in der Stadt

Schon 1575 hatte Willem van Oranje hier die erste Universität der unabhängigen Niederlande gegründet, außerdem wurden in Leiden die Maler Rembrandt van Rijn und Jan Steen geboren.

SIGHTSEEING

STADSRONDVAART

Die schönste Art, einen ersten Eindruck von der Stadt und ihren Grachten zu gewinnen, ist eine 50-minütige Bootsrundfahrt. *Tgl. 10.30–16 Uhr | 10 Euro, Kinder 4–12 Jahre 6,50 Euro, unter 4 Jahren 2,50 Euro | Abfahrt Beestenmarkt | rederijrembrandt.nl*

DE BURCHT

Auf diesem Hügel mit der Burg aus dem 11. Jh. suchte die Bevölkerung früher Zuflucht vor dem Wasser. Heute hast du von hier eine schöne Aussicht über die Stadt.

HOFJES

Die Innenstadt von Leiden zählt 35 idyllische *hofjes,* in denen man sich vom Trubel der Stadt erholen kann. *Hofjes* sind große Innenhöfe mit kleinen Häuschen und einem Garten. Reiche Handelsleute stifteten sie ab dem 15. Jh. für Bedürftige, von denen erwartet wurde, dass sie sich für gratis Obdach (und oft Essen) anständig und dankbar benehmen. Meist wurden zwölf Häuser um ein *hofje* gebaut – als Symbol für die zwölf Apostel. Heute zahlen die Bewohner zwar ganz normal Miete, aber auf sozialen Zusammenhalt wird noch immer großer Wert gelegt. Das Touristenbüro organisiert Touren durch die *hofjes (visitleiden.nl)*.

HORTUS BOTANICUS

An der Rapenburg, einer der schönsten Grachten Hollands, liegt das Hauptgebäude der Uni. Gleich dahinter befindet sich der Botanische Garten, eine beliebte Ruheoase im Zentrum. Hier pflanzte Carolus Clusius 1593 die erste Tulpenzwiebel und legte so den Grundstein für das blühende Tulpengeschäft. *April–Okt. tgl. 10–18, Nov.–März Di–So 10–16, Juli/Aug. Mi bis 21 Uhr | 8 Euro | Rapenburg 73 | hortusleiden.nl*

MUSEUM VOLKENKUNDE

Im Völkerkundemuseum ist ein schier unendlicher Reichtum an Schätzen aus der ganzen Welt zu sehen: afrikanische Masken, Lendenschurze der Papua aus Indonesien oder reich verzierte Harpunen aus Alaska. Lohnend! *Di–So, in den Schulferien tgl. 10–17 Uhr | 15 Euro | Steenstraat 1 | volkenkunde.nl*

NATURALIS

Ein nicht nur für Kinder aufregendes Museum über das Geheimnis der Evolution, inklusive eines Skeletts des Tyrannosaurus Rex. Die Sammlung basiert auf den Schätzen, die die Entdeckungsreisenden mit nach Hause brachten. Eine gelungene Symbiose von moderner Wissenschaft mit alten Sammlungen, die Ausgestopftes wieder interessant macht! *Bei Redaktionsschluss wegen Umbau geschl. | Pesthuislaan 7 | naturalis.nl |* 3 Std.

CORPUS

Lustig, lehrreich, launig: eine einstündige, multimediale Reise durch den menschlichen Körper. Der Einstieg er-

Im Frühjahr ist das Tulpenmeer im Keukenhof bei Lisse das Ausflugsziel schlechthin

folgt durchs Knie, Ankunft: im Hirn. *Di-Fr, in den Schulferien Mo-Fr 9.30-15, Sa/So 9.30-17 Uhr | 18,75 Euro, Kinder 6-14 Jahre 16,25 Euro (kein Zutritt für Kinder unter 6 Jahren), Karten mit Zeitfenster online buchen | Willem Einthovenstraat 1 (an der Ausfahrt Leiden der A 44) | corpusexperience.nl |* ⊙ *3 Std.*

ESSEN & TRINKEN

WAAG
Grandcafé an zentraler Stelle in der historischen Butterhalle. Man ist stolz auf seine Grillgerichte. *Tgl. | Aalmarkt 21 | Tel. 071 7 40 03 00 | waagleiden.nl | €€*

SURAKARTA
Indonesische Küche in gemütlicher Atmosphäre; die Reistafel gibts hier auch in der vegetarischen Variante. *Mittags geschl. | Noordeinde 51 | Tel. 071 5 12 35 24 | surakarta.nl | €-€€*

IN DEN GAPENDEN ETER
Internationale Küche mit Aussicht auf die Grachten. Du erkennst es am *gaper* über der Tür: So eine Galionsfigur – ein Kopf mit offenem Mund – war früher das Erkennungszeichen für Apotheken und Drogerien – und genau das war das Lokal auch mal. *Mittags und Mo geschl. | Rapenburg 97 | Tel. 071 5 66 14 94 | indengapendeneter.nl | €€€*

AUSGEHEN & FEIERN

DE BONTE KOE
Beliebtes *bruin* Café, gemütliche Atmosphäre, viele Einheimische. *Mo-Do 16-1, Fr 16-3, Sa 12.30-3, So 13.30-1 Uhr | Hooglandsekerkkoorsteeg 13 | cafedebontekoe.net*

STADSCAFÉ VAN DER WERFF
Eine typisch holländisch-gemütliche, entsprechend beliebte Studentenkneipe im Zentrum. *Mo/Di 9-24, Mi/Do 9-1, Fr/Sa 9-2, So 10-24 Uhr | Steenstraat 2 | stadscafevanderwerff.nl*

RUND UM LEIDEN

🔽 KATWIJK UND NOORDWIJK
10 km nordwestlich von Leiden/10 Min. über die N 206
Der beliebte Badeort *Katwijk* liegt am Rand der Blumenfelder etwa 10 km von Leiden. Das weitläufige Dünengebiet ist ideal für Spaziergänge, Fahrradtouren und Camping. Im Norden schließt sich das familienfreundliche *Noordwijk* mit 13 km Sandstrand und ebenfalls weitläufigem Dünen- und Waldgebiet an. 𝄘 *C9*

🔽 KEUKENHOF ⭐
25 Min. nördlich mit Buslinie 854 vom Bahnhof Leiden
Jedes Jahr im Frühjahr steigt die Spannung: Wann öffnet der Keukenhof? Tulpenzwiebeln halten sich nicht unbedingt an den Kalender; daher ist es jedes Jahr im März aufs Neue interessant, wie weit die Millionen Tulpen, Krokusse und anderen Zwiebelblumen erblüht sind. Der Keukenhof, eine 32 ha große Parkanlage bei Lisse, ist eine der am häufigsten fotografierten

Sehenswürdigkeiten der Welt – du wirst schnell verstehen, warum. *Mitte März–Mitte Mai tgl. 8–19.30 Uhr | 17 Euro | keukenhof.nl | ⊙ 3 Std. | ▥ C9*

DEN HAAG

(▥ B–C9) **Die drittgrößte Stadt des Landes (525 000 Ew.) hat den Ruf, vornehm, aber langweilig zu sein. Hektische Dynamik weicht im Regierungsviertel gediegener Geschäftigkeit. Neben zahlreichen Palais stehen teilweise spektakuläre Hochhäuser.**

Seit mehr als 500 Jahren Hauptsitz für Herrscher und Regenten, siehst du mit etwas Glück leibhaftige Minister durch den Binnenhof radeln, die alte Burganlage der Grafen von Holland. Der König arbeitet im Palais Noordeinde. Den Haag beherbergt ca. 200 internationale Organisationen wie den

WOHIN ZUERST?

Bester Ausgangsort ist der **Spui** *(▥ d5–6)*, den du mit der Tram 9 oder in zehn Fußminuten von der Centraal Station erreichst. Von hier liegen die meisten Sehenswürdigkeiten, die Haagse Passage und weitere Einkaufsstraßen in fußläufiger Entfernung. Autofahren ist umständlich, am besten stellt man den Wagen in einem der zahlreichen ausgeschilderten Parkhäuser ab und bewegt sich zu Fuß und mit öffentlichen Verkehrsmitteln fort.

Internationalen Strafgerichtshof ICC und die Nachfolgeorganisation des Jugoslawientribunals und nennt sich gern die Hauptstadt der internationalen Justiz. Die Mischung aus Beamten, Juristen und Diplomaten verleiht der Stadt internationales Flair, das man auch auf den edlen Plätzen oder in den eleganten Geschäften spürt.

INSIDER-TIPP
Stadtrundfahrt per Tram

Die Straßenbahn nach *Scheveningen* fährt dich in 20 Minuten vom Hauptbahnhof einmal quer durch durch die Stadt an den Strand. Der ehemalige Fischerhafen hat einen etwas gewöhnungsbedürftigen Strandboulevard mit Dutzenden von Beachclubs und Restaurants rund um das alte Kurhaus sowie dem berühmten Pier, der immer wieder abgerissen werden soll und doch immer noch steht.

SIGHTSEEING

BINNENHOF

Jahrhundertelang war der Binnenhof der Mittelpunkt des politischen Geschehens in den Niederlanden. Noch heute tagt dort, wo einst Schlösser und Paläste der Grafen von Holland standen, das niederländische Parlament – allerdings in einem gläsernen Neubau, der die historischen Gebäude überragt. Beim Westeingang findet sich ein altes Schloss mit einem großen Festsaal, dem *Ridderzaal,* in dem der König alljährlich die Thronrede verliest. Ab 2020 wird der gesamte Komplex für geplante fünf Jahre renoviert. *Führungen Mo–Sa 10–16 Uhr | 5,50–11 Euro, Onlinereservierung*

Gruppenbild mit Leiche: Rembrandts „Anatomiestunde" im Mauritshuis

empfohlen | *Tel. 070 7 57 02 00 | prodemos.nl* | ⏱ *1 Std.* | 📖 *d5–6*

MAURITSHUIS ⭐

Heimat von Johannes Vermeers „Mädchen mit dem Perlenohrring" und seiner wundervollen „Ansicht von Delft" sowie von – Donna-Tartt-Fans, hingehört! – dem „Distelfink" von Carel Fabritius und anderen Topstücken: Das *Koninklijk Kabinet van Schilderijen* (Königliches Gemäldekabinett) beherbergt eine der weltweit wichtigsten Sammlungen alter Meister. Es steht direkt neben dem Arbeitszimmer des Ministerpräsidenten und bezaubert durch seine intime Atmosphäre. *Di–So 10–18 (Do bis 20), Mo 13–18 Uhr | 15,50 Euro | Plein 29 | maurits huis.nl* | ⏱ *2 Std.* | 📖 *d–e5*

ESCHER IN HET PALEIS

Maurits Cornelis Escher (1898–1972) war ein Meister der optischen Täuschung. Man begegnet seinen Mustern, in denen beispielsweise Vögel in Fische übergehen, überall. *Di–So 11–17 Uhr | 10 Euro | Lange Voorhout 74 | escherinhetpaleis.nl* | 📖 *e5*

PANORAMA MESDAG 👓

Virtual Reality des 19. Jhs.: Hier kannst du dir ein Bild davon machen, wie es im ehemaligen Fischerdorf Scheveningen 1880 ausgesehen hat. Dank zylinderförmiger Leinwand bekommt man ein spektakuläres 120-m-Rundpanorama zu sehen, das auch anderthalb Jahrhunderte später noch beeindruckt. *Mo–Sa 10–17, So 11–17 Uhr | 10,50 Euro, Kinder 12–18 Jahre 9 Euro, 4–11 Jahre 5,50 Euro | Zeestraat 65 | panorama-mesdag.nl* | 📖 *d4*

VREDESPALEIS 👤

Völkerrecht und Gerechtigkeit sind abstrakte Begriffe. Hier im „Friedenspalast", wo zwischen Erstem und Zweitem Weltkrieg der Völkerbund tagte, der Vorläufer der Uno, werden sie praktiziert. Heute hat u. a. der Internationale Gerichtshof hier seinen Sitz. Im *Besucherzentrum (Di–So 10–17, Nov.–Mitte März 11–16 Uhr)* gibt es eine kostenlose Ausstellung samt Audiotour (auch auf Deutsch) zu Geschichte und Entstehung des Hauses. Wer mehr wissen und die eindrucksvollen Säle erleben möchte, nimmt an einer Führung *(⏱ 45 Min | auch auf Deutsch | 11 Euro)* teil. *Carnegieplein 2 | vredespaleis.nl | ⏱ 45 Min. | ▥ c3*

HAAGS GEMEENTEMUSEUM MIT FOTOMUSEUM UND MUSEON

Nirgendwo auf der Welt gibt es so viele Originale von Piet Mondrian und seinen Kollegen von De Stijl zu sehen, einer dem Bauhaus verwandten niederländischen Stilrichtung aus dem frühen 20. Jh. Schon das Gebäude von Hendrik Berlage mit Park ist eine Wucht. Zu sehen sind außerdem Haager Silber, Delfter Porzellan, eine große Musikabteilung mit traditionellen europäischen Instrumenten, wechselnde Modeausstellungen und im Flügel nebenan ein *Fotomuseum (Di–So 11–17 Uhr | 10 Euro | Stadhouderslaan 43 | fotomuseumdenhaag.nl).* Für neugierige Kinder und ihre Eltern: Das ☻ *Museon (Di–So 11–17 Uhr | 13 Euro, Kinder 12–18 Jahre 10 Euro, 4–11 Jahre 8 Euro | Stadhouderslaan 37 | museon.nl)* im Nebengebäude zeigt Ausstellungen zu allen Fragen, die die Welt bewegen: Flüchtlinge, Plastikmüll in den Weltmeeren, Gerechtigkeit … alles eingängig erklärt und mit viel interaktivem Schnickschnack. Auch

das Restaurant *Gember* im Flügel des Fotomuseums und die *Brasserie Berlage* machen Spaß. *Di–So 10–17 Uhr | 16 Euro | Stadhouderslaan 41 | gemeentemuseum.nl | ⏱ 2½ Std. | ▥ a–b1*

MADURODAM ☻

Deiche, Windmühlen, der Königliche Palast in Amsterdam und all die anderen Gebäude, für die die Niederlande berühmt sind, sind in diesem Miniholland im Maßstab 1:25 nachgebaut. Zwischen den Häusern fahren kleine Züge, auf den Kanälen verkehren Minilastkähne und -rundfahrtboote. *Stark gestaffelte Zeiten s. Website | 19,50 Euro, unter 3 Jahren frei | Haringkade 175 | madurodam.nl | ▥ 0*

BEELDEN AAN ZEE ⚲

Eindrucksvolle Skulpturensammlung zeitgenössischer Bildhauerkunst. Vom schönen *Zeezaal* wunderbare Aussicht auf Meer und Dünen. *Di–So 10–17 Uhr | 15 Euro | Scheveningen | Harteveltstraat 1 | beeldenaanzee.nl | ▥ 0*

SEA LIFE

Haie, Rochen, Quallen – in diesem „Unterwassermuseum" mit tropischem Riff sind die Meeresbewohner fast zum Anfassen nah. *Tgl. 10–18, April–Juni und Sept./Okt. bis 19, Juli/Aug. bis 20 Uhr | 17,25 Euro | Scheveningen | Strandweg 13 | visitsealife.com | ▥ 0*

MUSEUM VOORLINDEN

Ganz neu in der niederländischen Museenlandschaft im Nobelvorort Wassenaar: Die Kunst aus der Privatsammlung des Industriellen Joop van Caldenborgh ist modern und witzig. Pub-

DEN HAAG

Noord-

zee

Sea Life

Beelden aan Zee

Zwolse-

straat

Stevinstraat

Museum
Voorlinden

500 m
547 yd

Strandweg

Gevers Deynootweg

Badhuisweg

Nieuwe

Brusselselaan

Renzaanstr.

Doorniksestraat

Pompstationsweg

Van Alkemadelaan

Keizerstraat

Jurriaan Kokstraat

Nieuwe

Badhuisweg

Parklaan

Klatteweg

Sint-Hubertusweg

Hubertustunnel

Waalsdorperweg

V. Nijenrodestr.

Strandweg

Zeesluisweg

Westduinweg

Doctor Lelykade

Staten-

laan

Duinstraat

De Dagvisser

J.V. Oldenbarneveltlaan

Kanaalweg

Van Stolkweg

Duinweg

Scheveningseweg

Madurodam

Hubertusviaduct

Scheveningse
Bosjes

Oostduinen

Wassenaarse-
weg

Kranenburgweg

Houtrustweg

Duinweg

Eisenhowerlaan

J. de Wittlaan

Kerkhoflaan

Dellstraat

Raamweg

Koninginne-

gracht

Depot Podjok

Fotomuseum

Haags Gemeentemuseum

Museon

Burgemeester Patijnlaan

Java-

straat

Prinsessegracht

Kennedylaan

Conrad

Stadhouderslaan

laan

Hertoginnelaan

Waldeck Pyrmontkade

Laan van Meerdervoort

Zeestraat

Vredespaleis

Panorama
Mesdag

Hotel Des Indes

Koninginnekade

Laan van Poot

V. Bevenvringkstr.

2e Schuytstr.

Suezkade

Canalkade

Laan Van Speijkstraat

Elandstraat

Veenkade
Noordwal

Bodega de
Posthoorn

The Hague Bookstore

Escher in
het Paleis

Mauritshuis ⭐

Haagse
Passage

Binnenhof

Segbroeklaan

Fahrenheit-

laan

Beeklaan

Goudsbloemlaan

Meerdervoort

boslaan

Newtonstraat

Tipstraat

Lijnbaan

Boterwaag

Spui

Thomson-

laan

Valken-

straat

Valkenboskade

Beeklaan

Prinsegracht

Soeboer

Loosduinsekade

likumsmagnet ist die Installation „Swimming Pool" für ein Unterwassergefühl ohne nasse Füße.

Außerdem wandert es sich ganz wunderbar über verschiedene Pfade durch den Skulpturenpark Clingenbosch, den Garten des niederländischen Landschaftsarchitekten Piet Oudolf oder durch Wald und Dünen bis an den Strand. *Tgl. 11–17 Uhr | 17,50 Euro | Buurtweg 90 | voorlinden. nl | ⏱ 2 Std. | 🗺 0*

ESSEN & TRINKEN

Viele Restaurants und Cafés finden sich rund um den Binnenhof (*Plein,*

109 m über dem Delfter Marktplatz kratzt der Turm der Nieuwe Kerk an den Wolken

Plaats, Noordeinde, Denneweg) und in Scheveningen. Den Haag hat eine starke Verbindung mit der ehemaligen niederländischen Kolonie Indonesien, daher gibt es eine reiche Auswahl an entsprechenden Restaurants.

SOEBOER

Traditionelle indonesische Küche von der Insel Java – das Lieblingsrestaurant von Ministerpräsident Mark Rutte. *Mittags und Di geschl. | Brouwersgracht 29 | soeboer.nl | Tel. 070 3 88 37 37 | €€ | ▭ c6*

BOTERWAAG

Traditionelles Caférestaurant am Marktplatz. Das Haus stammt von 1681, im großen, offenen Raum hängt eine alte Waage. *So–Mi 10–1, Do–Sa 10–1.30 Uhr | Grote Markt 8a | boterwaag.nl | €€ | ▭ c6*

HOTEL DES INDES

Tradition und Luxus im Herzen der Stadt. Das Stadtpalais war lange Treffpunkt der Den Haager Elite, auch aus Übersee. Ein kolonialer Hauch ist noch immer zu spüren. Ideal für einen gediegenen Nachmittagskaffee oder ein gepflegtes Diner mit französisch inspirierter Küche. *So/Mo geschl. | Lange Voorhout 54–56 | Tel. 070 3 61 23 45 | hoteldesindes.nl | €€€ | ▭ e5*

BODEGA DE POSTHOORN

Renommiertes altes Haager Café. Im Sommer sitzt man auf der Terrasse unter den Bäumen. Häufig Livemusik. *Tgl. 10–23 Uhr | Lange Voorhout 39a | bodegadeposthoorn.nl |* 🗺 *e5*

THE HAGUE BOOKSTORE

Gemütliches Café in einem Buchladen direkt beim Palast Noordeinde. Mit Fahrradverleih! *So–Fr 9–18, Sa 9–19.30 Uhr | Noordeinde 39 |* 🗺 *d4*

DEPOT PODJOK

Intimes, zentral gelegenes indonesisches Familienrestaurant. Mutter steht am Herd und bereitet leckere (und mehrfach preisgekrönte), authentische Gerichte zu. *Sa-Mittag, So-Mittag und Mo geschl. | Bankastraat 97 | Tel. 070 3 52 31 39 | depotpodjok.nl | € |* 🗺 *e2*

DE DAGVISSER

Tagtäglich holt der Koch vom „Tagesfischer" frische Austern, Wolfsbarsche, Schollen, Steinbutte oder anderen Saisonfisch direkt bei der Scheveninger Fischauktion ein paar Häuser weiter. Das schmeckt man – probier die leckere *Scheveningse vissoep! Tgl. | Dr. Lelykade 26 | Tel. 070 3 50 05 93 | de dagvisser.nl | €€–€€€ |* 🗺 *0*

HAAGSE PASSAGE

Zwischen Spuistraat und Buitenhof erstreckt sich unter einer Glaskuppel wie in Mailand oder Paris die Haagse Passage mit allerlei edlen Geschäften und Boutiquen. Schöne Ecken zum Bummeln finden sich rund um den Binnenhof und Palais Noordeinde. 🗺 *d6*

Während die Innenstadt kurz nach Mitternacht in einen Dornröschenschlaf fällt, findet das Nachtleben am Boulevard in Scheveningen statt.

RUND UM DEN HAAG

🟨 DELFT

25 Min. südlich von Den Haag mit Tramlinie 1

Die 100 000-Ew.-Stadt droht zwischen Rotterdam und Den Haag etwas unterzugehen – sehr zu Unrecht! Das historische Städtchen mit mittelalterlichen Häusern um den Marktplatz, lindengesäumten Grachten und vielen alten Brücken beamt dich zurück in die Zeit, als hier noch Johannes Vermeer malte. Am stimmungsvollsten lässt du diese Atmosphäre bei einer 🚩 *Grachtenrundfahrt* auf dich wirken. Vermeer wurde hier geboren, gründete die Delfter Schule und wurde schließlich in der Oude Kerk beigesetzt. *Stadtführungen (delft.com)* und das *Vermeer Centrum (vermeerdelft.nl)* folgen seinen Spuren.

Berühmt ist Delft auch für seine blau bemalte Keramik. Echte Delfter Keramikmaler gibt es auch heute noch. Im Museum *Royal Delft Koninklijke Porceleyne Fles (Mo–Sa 9–17, So 12–17, im Sommer 9–17 Uhr | 14 Euro | Rotterdamseweg 196 | royaldelft.com)* kannst du ihnen bei der Arbeit über die Schulter gucken und danach im angeschlossenen großen Laden zuschlagen.

In der *Nieuwe Kerk (April–Okt. Mo–Sa 9–18, Nov.–Jan. Mo–Fr 11–16, Sa 10–17, Feb./März Mo–Sa 10–17 Uhr | 5,50 Euro | Markt 80 | nieuwekerk-delft. nl)* ist Willem van Oranje in einem Prunkgrab beigesetzt. Es steht auf der Gruft der Oranier, in der die Mitglieder des Königshauses noch immer bestattet werden. Wer sich mit moderner Museumspädagogik in die drei Delfter Themen – Oranier, Vermeer und Porzellan – vertiefen möchte, besucht das *Museum Prinsenhof Delft (Di–So, März–Aug. tgl. 11–17 Uhr | 12,50 Euro | Sint Agathaplein 1 | prinsenhof-delft. nl | ⏱ 2 Std.)* in einem wunderschönen historischen Gebäude. Eilige begnügen sich mit einem Selfie auf der Bank aus blau-weißen Porzellanscherben im Rosengarten des Museums. 🗺 *C10*

ROTTERDAM

(🗺 *C10*) **Rotterdam ist merkwürdigerweise immer noch ein Geheimtipp. Zweitgrößte Stadt der Niederlande (635 000 Ew.), größter Hafen Europas und trotzdem häufig links liegen gelassen. Großer Fehler!**

Nachdem die Stadt im Zweiten Weltkrieg 1940 an nur einem Tag in einem gigantischen Bombenhagel nahezu komplett zerstört wurde, haben die Rotterdamer ihre Stadt mit Schwung in eine hypermoderne Metropole verwandelt und zur ersten Adresse in Sachen Architektur gemacht.

Das beginnt schon beim neuen Hauptbahnhof, den die Rotterdamer liebevoll *patatzak,* Pommestüte, getauft haben, und reicht über das Südufer der Maas, wo namhafte Architekten wie Renzo Piano, Álvaro Siza oder Norman Foster spektakuläre Wolkenkratzer gebaut haben, bis zur quirligen Markthal, die sich wie ein bunter Bogen über den Markt wölbt. Am meisten ins Auge springt aber *De Rotterdam:* Die vom Rotterdamer Rem Koolhaas entworfenen drei je 150 m hohen Türme bilden zusammen eine „vertikale Stadt" mit Luxusapartments, Büros und Geschäften.

Rotterdam ist in vielerlei Hinsicht ein Labor für neue Entwicklungen. In der Stadt des ermordeten rechten Politi-

Wilhelminapier und Erasmusbrücke – Rotterdams Architektur ist spektakulär

kers Pim Fortuyn wurde Ahmed Aboutaleb der erste muslimische Bürgermeister in der EU. Rechte Politiker sitzen zusammen mit islamistischen im Stadtrat. Wirtschaftliche und soziale Veränderungen formen die Stadt kontinuierlich um. Der Hafen musste viele Aktivitäten direkt in die Nordsee verlagern, weil die immer größeren Containerschiffe nicht mehr in die Hafenbecken passten. Die Maasvlakte ist eine gigantische, im Meer aufgeschüttete Hafenanlage für diese Supertanker.

INSIDER-TIPP
Stadt neu denken

Rund um die frei gewordenen Hafenbecken in der Stadt sind neue Initiativen entstanden wie ein schwimmender Wald (na ja: Wäldchen) und im Merwedehafen ein schwimmender Bauernhof *(floatingfarm.nl)* mit ein paar Dutzend Kühen und ein paar Tausend Hühnern.

WOHIN ZUERST?

Bester Ausgangspunkt ist der zehn Fußminuten vom Hauptbahnhof entfernte **Beursplein** an der Coolsingel. Von dort sind es nur ein paar Schritte zur Haupteinkaufsstraße Lijnbaan und in wenigen Minuten ist man beim alten Hafen (Veerhaven) und an der Maas im Süden oder – etwas westlicher – beim Museumpark. Das Auto stellst du am besten so schnell wie möglich in einem der zahlreichen Parkhäuser ab.

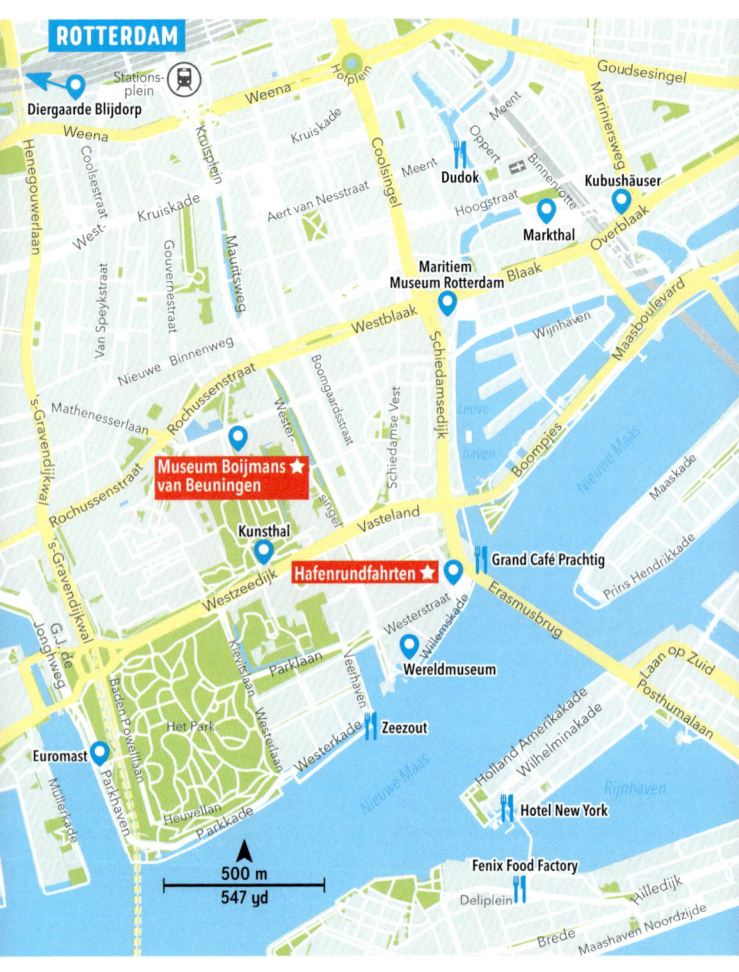

Deren Urin wird im Untergeschoss aufgefangen und als Dünger genutzt. Und im Rheinhafen unweit der Erasmusbrücke sind die ersten schwimmenden Elemente vom *Recycled Park* (recycledpark.com) zu sehen: Ein Architekt hat entlang der Maas mehrere Plastikauffangstationen verankert. Aus dem dort angeschwemmten Plastikmüll baut er immer weitere Elemente für seinen Wiederverwertungspark.

SIGHTSEEING

HAFENRUNDFAHRTEN ★ ☂

Auf der stark befahrenen Nieuwe Maas drängeln sich Lastkähne, Kreuzfahrtschiffe, Schuten und mehr, während an Land Werften, Containerterminals und petrochemische Anlagen vor deinen Augen vorbeigleiten. Die 75-minütigen *Touren mit den Spidobooten (stark gestaffelter Fahrplan s. Website | 13,95 Euro | spido.nl)* beginnen am Fuß der Erasmusbrücke. Für Eilige oder Speedqueens ist das *Wassertaxi (watertaxirotterdam.nl)* eine Option. Nicht ganz billig, aber ein irres Erlebnis!

Die 👥 *Splashtours (stark gestaffelter Fahrplan s. Website | 27,50 Euro, Kinder bis 11 Jahre 19 Euro | online anmelden, verschiedene Abfahrtsstationen | splashtours.nl)* mit dem Amphibienfahrzeug sind eine Kombi aus Hafen- und Stadtrundfahrt: Zuerst kutschierst du mit dem Bus durch die Stadt, dann wassert er in der Maas und fährt als „Schiff" entlang der Skyline.

KUNSTHAL

Ausstellungsraum und Treffpunkt für experimentelle und überraschende Cross-over-Ausstellungen zwischen Mode und Kunst, Hip-Hop, Science-Fiction und mehr. Das Gebäude am Museumpark ist ein Frühwerk des Rotterdamer Stararchitekten Rem Koolhaas und schon darum einen Besuch wert. *Di–Sa 10–17, So 11–17 Uhr | 14 Euro | Westzeedijk 531 | kunsthal.nl | ⊙ 2½ Std.*

EUROMAST 👥

Der schlanke Turm mit Aussichtsplattform, Restaurant und Brasserie, den der Architekt Huig Aart Maaskant 1960 gebaut hat, überragt mit seinen 185 m auch die neuen Gebäude. Bei klarem Wetter kann man von oben einen Großteil der niederländischen Küstenlinie überblicken. Der Lift fährt an der Außenfassade nach oben. Wem das nicht reicht, kann sich für 57,50 Euro von einer Höhe von 100 m vor den Augen der Restaurantbesucher abseilen oder an einem schräg gespannten Seil nach unten rasen *(Mai–Sept. Sa/So | reservieren auf abseilen.nl). April–Sept. tgl. 9.30–22, Okt.–März 10–22 Uhr | 10,25 Euro, Kinder 4–11 Jahre 6,75 Euro | Parkhaven 20 | euromast.nl*

INSIDER-TIPP
Nervenkitzel für Schwindelfreie

WERELDMUSEUM

Kein besserer Ort für ein Völkerkundemuseum als in Rotterdam, wo die größte Gemeinschaft von Antillanern und Kapverdiern in Europa zu finden ist. Rund um die vielen Gesichter der Stadt organisiert das Museum in einem Monumentalbau von 1850 sehr moderne Ausstellungen. Café mit toller Aussicht auf den alten Fährhafen und Weinbar. *Bei Redaktionsschluss wegen Umbau geschl. | Willemskade 25 | wereldmuseum.nl | ⊙ 2 Std.*

MUSEUM BOIJMANS VAN BEUNINGEN ★

Das dreiteilige rote Backsteingebäude gehört zu den wichtigsten niederländischen Museen für moderne und alte Kunst. Seinen Ruhm verdankt es 1700 Sammlern (sprich: Rotterdamer Reedern), die dem Kunsthaus in den letzten 170 Jahren 50 000 Werke geschenkt haben. Darunter befindet sich eine der größten Kollektionen von

Surrealisten mit Werken von Salvador Dalí, René Magritte oder Max Ernst. Aber auch die alten Meister wie Hieronymus Bosch oder Peter Paul Rubens sind vertreten. Das Museum wird bis 2022 grundlegend renoviert und organisiert währenddessen Ausstellungen an verschiedenen Orten in der Stadt („Boijmans bij de Buren"). *Di–So 11–17 Uhr | 17,50 Euro | Museumpark 18–20 | boijmans.nl |* ⏱ *3 Std.*

MARITIEM MUSEUM ROTTERDAM 👥

Dieses Museum ist dem Hafen und der Schifffahrt in Gegenwart und Vergangenheit gewidmet. Die schönsten Ausstellungsstücke sind die Schiffe und Kräne im Museumshafen – anfassen erlaubt! *Di–Sa, Juli/Aug. auch Mo 10–17, So 11–17 Uhr | 14 Euro, Kinder 4–15 Jahre 10 Euro | Leuvehaven 1 | maritiemmuseum.nl |* ⏱ *2½ Std.*

MARKTHAL

INSIDER-TIPP
Markthalle? Wundertüte!

Wohnen, arbeiten und shoppen im gleichen Gebäude: In der aufsehenerregenden hufeisenförmigen Markthalle unweit vom Rathaus ist das möglich. Zwischen den fast 100 Ständen mit Gemüse, Fisch, Fleisch und Käse buhlen Tapabars, Frittenbuden und Ökokneipen um die Gunst der Besucherschar. Die spektakuläre Decke, die aus einem Glasmosaik mit 4000 farbigen Scherben gebaut wurde, stellt ein Stillleben mit Insekten, Früchten und Gemüse dar. Die imposante Konstruktion kann sich bei starkem Sturm um bis zu 75 cm ausdehnen. *Mo–Do und Sa 10–20, Fr 10–21, So 12–18 Uhr | Dominee Jan Scharpstraat 298 | markthal.klepierre.nl*

KUBUSHÄUSER

Am Alten Hafen, mitten im Vergnügungsviertel, steht diese spektakuläre architektonische Schöpfung von Piet Blom: die gekippten, würfelförmigen Pfahlhäuser des *Blaakse Bos.* Einen dieser Wohnwürfel, den *Kijk Kubus* („Kuckwürfel"), kann man besichtigen. *Tgl. 10–18 Uhr | 3 Euro | Overblaak 70 | kubuswoning.nl*

DIERGAARDE BLIJDORP 👥

In diesem Zoo leben die Tiere in einem ihrem natürlichen Umfeld nachempfundenen Biotop. Es gibt u. a. einen Urwald mit Gibbons und eine Tropenhalle mit Terrarien und Aquarien. *Tgl. 9–17, im Sommer bis 18 Uhr | 24,50 Euro, 3–12 Jahre 20 Euro | Blijdorplaan 8 | diergaardeblijdorp.nl*

ESSEN & TRINKEN

DUDOK

Grandcafé im Stil des 1920er-Jahre-Architekten Willem Marinus Dudok mit großem Lesetisch und reicher Zeitungsauswahl. Sehr beliebt: der Apfelkuchen! *Mo–Do 8–23, Fr 8–1, Sa 9–24, So 9–23 Uhr | Meent 88 | dudok.nl*

ZEEZOUT

Das „Meersalz" ist das perfekte Restaurant für Fischliebhaber. Im Sommer von der Terrasse herrliche Sicht auf die Maas und Kop van Zuid. *So/Mo geschl. | Westerkade 11 b | Tel. 010 4 36 50 49 | restaurantzeezout.nl | €€€*

GRAND CAFÉ PRACHTIG

Modernes, helles Café am Fuß der Erasmusbrücke. Im Sommer sitzt man auf der Terrasse, im Winter hast du hinter Glas trotzdem eine tolle Aussicht auf die Maas. Reiche Auswahl an Snacks, für den größeren Hunger gibts auch (Fisch-)Menüs. *Tgl., Winter Di–So 10–24 Uhr | Willemsplein 77 | grandcafeprachtig.nl | €€*

HOTEL NEW YORK

Imposantes historisches Gebäude direkt im Hafen. Hier nahmen die Auswanderer in die USA Abschied vom Alten Kontinent. Heute genießen Rotterdamer Geschäftsleute und Besucher die grandiose Aussicht auf die Stadt. Gehobene internationale Küche, exzellente Austernbar, raffinierter High Tea. Anlegestelle fürs Wassertaxi und große Terrasse. *Tgl. | Koninginnenhoofd 1 | Tel. 010 4 39 05 00 | hotel newyork.nl | €€–€€€*

FENIX FOOD FACTORY

In einem ehemaligen Hafenlagerhaus findest du diese zeitgeistige Mischung aus nachhaltigem Markt und Café. Es gibt verschiedene Lebensmittelläden und eine Kaffeerösterei. Schön zum Bummeln, zum Lunch oder für ein frühes Abendessen. *Di–Do 10–19, Fr 10–20, Sa 10–18, So 12–18 Uhr | Veerlaan 19d | fenixfoodfactory.nl | €*

SHOPPEN

Die L-förmige *Lijnbaan* war 1953 eine der ersten autofreien Einkaufsstraßen Europas. Gut shoppen kannst du auch in der *Beurspassage*. Im *Kop van Zuid*, dem renovierten Altstadtviertel beim Yachthafen, findest du viele Designer- und Inneneinrichtungsgeschäfte und einen riesigen exotischen Supermarkt.

AUSGEHEN & FEIERN

Rotterdam war in den 1980ern ein Zentrum für House- und Dancemusik. Das merkt man in den Clubs rund um *Stadhuisplein, Coolsingel* und *West-Kruiskade*. Vor allem auf der Letzteren, auch Chinatown genannt, pulsiert das multikulturelle Leben. Beliebt ist auch der *Kop van Zuid* mit dem Wilhelminapier und dem Entrepotgebäude, wo auf den Terrassen der vielen Hafen-

Kop van Zuid: beliebter Treffpunkt, ob am Flussufer oder am Wilhelminapier

kneipen bis in die Nacht etwas los ist. Rund um den *Veerhaven* gibt es zahlreiche Kneipen, in denen man gemütlich ein Bier oder einen Wein trinken kann. Im *Oude Haven* werden die Lokale vor allem von Studenten bevölkert. *Die* Konzertadresse ist das *Ahoy (ahoy.nl):* Hier kommen alle Stars und DJs her, die etwas auf sich halten.

RUND UM ROTTERDAM

🔟 SCHIEDAM

10 Min. westlich von Rotterdam mit Metrolinie A

Die Stadt der Mühlen und Geneverbrennereien (76 000 Ew.) liegt an der Mündung der Schie in die Nieuwe Maas. Einst gab es hier Hunderte Brennereien. Die Geschichte vom Geneverbrennen wird im *Jenever Museum (Di–So 11–17 Uhr | 12,50 Euro inkl. Verkostung | Lange Haven 74–76 | je nevermuseum.nl)* erzählt; natürlich gibts auch eine Probierstube. 🗺 *C10*

11 GOUDA

20 Min. nordöstlich von Rotterdam mit der Bahn

Die 72 000-Ew.-Stadt ist natürlich vor allem des Käses wegen bekannt. Noch heute wird er im Sommer jeden Donnerstagmorgen auf den Marktplatz bei der Käsewaage getragen *(April-Aug. Do 10–12.30 Uhr).* 🗺 *C10*

DORDRECHT

(🗺 C10) **Am Zusammenfluss von Merwede, Noord und Oude Maas**

Dordrechts prächtigste Fassaden weisen nicht zur Straße hin, sondern zu den Kanälen

liegt eine der ältesten Städte der Niederlande (120 000 Ew.).

Die super Lage bescherte Dordrecht vom 13. bis 16. Jh. üppige Zolleinnahmen. Wie gut es der Stadt damals ging, sieht man heute noch an den prächtigen Patrizier- und Speicherhäusern: Die Gebäudefronten an den Kanälen gehören zu den schönsten in Holland.

Der *Groothoofdspoort,* das stattliche Tor am *Wijnhaven,* ist das letzte Überbleibsel der Stadtmauern aus dem 14. Jh. Innovative Wasserprojekte sorgen dafür, dass Dordrecht nicht untergeht. So können bei Hochwasser die Häuser in der Voorstraat geflutet werden, weil sie Teil des Deichs sind (bei einer Stadtführung unbedingt danach fragen!).

SIGHTSEEING

DORDRECHTS MUSEUM

Feine Sammlung Dordrechter Künstler aus dem 17. Jh. (u. a. Albert Cuyp, Nicolaes Maes und Rembrandt-Schüler Ferdinand Bol). *Di–So 11–17 Uhr | 15 Euro | Museumstraat 40 | dord rechtsmuseum.nl*

GROTE ODER ONZE LIEVE VROUWEKERK

Das Wahrzeichen der Stadt, die spätgotische Kirche in der Nähe des Hafens, ist das einzige Gotteshaus in Holland, das kein hölzernes, sondern ein schweres, steinernes Gewölbe aufweist. Der 70 m hohe Kirchturm mit den vier barocken Turmuhren hat sich im Lauf der Zeit gesenkt und steht schief, besteigen darf man ihn aber trotzdem. *April–Okt. Di–Sa 10.30–16.30, So 12–16, Nov./Dez. Di, Do und Sa 14–15.30 Uhr | 2 Euro, Turm 1 Euro | Lange Geldersekade 2 | grotekerk-dor drecht.nl*

ESSEN & TRINKEN

POST

Früher war hier mal die Post drin, jetzt ist es ein Lokal im angesagten Industriedesign mit Restaurant, Gastrobar und Patisserie. *Tgl. | Johan de Wittstraat 128 | Tel. 078 6 47 56 48 | restaurantpost.nl | €€*

VILLA AUGUSTUS

Restaurant und Hotel in einem ehemaligen Wasserwerk mit Küchengarten in den ausrangierten Wasserbecken und Ausblick über den Fluss. Das Gemüse ist selbst angebaut und wird mit anderen nachhaltigen Produkten der Villa Augustus auch in der Markthalle verkauft. *Tgl. | Oranjelaan 7 | Tel. 078 6 39 31 11 | villa-augustus. nl | €€*

RUND UM DORDRECHT

12 KINDERDIJK ★

30 Min. nördlich von Dordrecht mit Wasserbuslinie 202

Die 19 denkmalgeschützten Windmühlen aus dem 18. Jh. gehören zum Unesco-Welterbe und zählen heute zu den ganz großen Touristenattraktionen der Niederlande. *März–Okt. tgl.*

Im Juli und August sind die 19 Windmühlen von Kinderdijk in Betrieb

9–17.30, Nov.–Feb. 10–16 Uhr | 9 Euro | Nederwaard 1 | kinderdijk.nl | ▥ C10

UTRECHT

(▥ D9) **Utrecht, mit 343 000 Ew. die viertgrößte Stadt des Landes, ist eine so gemütliche wie quirlige Universitätsstadt. Auch die Grachten**

üben eine große Anziehung aus, denn hier kann man – etwa an der Oudegracht – direkt an ihren Ufern sitzen.

Außerdem war Utrecht schon immer das niederländische Zentrum des katholischen Glaubens, was die Vielzahl an sakralen Bauten erklärt. Durch ihre zentrale Lage schon immer Eisen- und Autobahnknotenpunkt, wurde die Domstadt zudem ein wichtiges Kongresszentrum.

SIGHTSEEING

DOMTOREN

Der Domturm ist mit seinen 112 m der höchste der Niederlande. Die Aussicht macht die 465 Treppenstufen wett, die du zuvor erklimmen musst. Der Dom sollte Teil eines Kirchenkreuzes mit vier Utrechter Kirchen sein. Von oben kann man das noch teilweise erkennen. *Di–Sa 10–17, So/Mo 12–17 Uhr | 9 Euro | domtoren.nl*

OUDEGRACHT

Die Oudegracht ist einer der beliebtesten Flecken in der Altstadt – hier spielt sich im Sommer das öffentliche Leben ab und es gibt viele Restaurants und Cafés, wo man relativ günstig essen kann. Im Gegensatz zu Amsterdams Grachten sitzt man hier unmittelbar am Wasser auf einer Terrasse unterm Straßenniveau.

HOOFDPOSTKANTOOR

Ein architektonischer Leckerbissen ist Utrechts Hauptpost aus den 1920er-Jahren mit ihrer Halle in Parabelform. Frisch renoviert, beherbergt sie jetzt eine Bibliothek, Cafés und Läden. *Neude 11*

STADSKASTEEL OUDAEN

Im Keller der mittelalterlichen Burg ist eine Dampfbierbrauerei zu besichtigen. Bis heute wird dort Oudaen-Bier gebraut. Nach einer Führung kannst du den Gerstensaft in der hauseigenen Probierstube testen. *Tgl. Führungen auf Anfrage | 30 Min. 9,95 Euro, 60 Min. 12,50 Euro, 90 Min. 17,50 Euro | Oudegracht 99 | Tel. 030 2 31 18 64 | oudaen.nl*

MUSEUM SPEELKLOK 👥

Als fröhlichstes Museum der Niederlande bezeichnet sich das Spieluhrenmuseum selbstbewusst und veranstaltet musikalische Führungen zum Mitsingen auf automatischen Musikinstrumenten, die bis ins 15. Jh. zurückgehen. *Di–So, in den Ferien tgl. 10–17 Uhr | 13 Euro, Kinder 4–17 Jahre 7 Euro | Steenweg 6 | museumspeelklok.nl*

CENTRAAL MUSEUM

In dem ehemaligen Kloster ist heute die weltweit größte Kollektion von Werken des in Utrecht geborenen Möbeldesigners und Architekten Gerrit Rietveld untergebracht. Daneben hängen Bilder der Utrechter Meister aus dem Goldenen Zeitalter. *Di–So 11–17, erster Do im Monat bis 21 Uhr | 13,50 Euro | Agnietenstraat 1 | centraalmuseum.nl | ⏱ 2½ Std.*

RIETVELD SCHRÖDERHUIS ⭐

Gerrit Rietveld prägte die eng mit dem deutschen Bauhaus verwandte niederländische Architektur- und Designrichtung De Stijl. Das Haus baute Rietveld für seine Freundin, die bildende Künstlerin Truus Schröder-Schräder. Es zählt zu Recht zum Unesco-Welterbe, auch weil die Inneneinrichtung des ursprünglichen Möbelmachers Rietveld nahezu original erhalten ist. *Di–So 11–17 Uhr | 17 Euro | Prins Hendriklaan 50 | rietveldschroderhuis.nl*

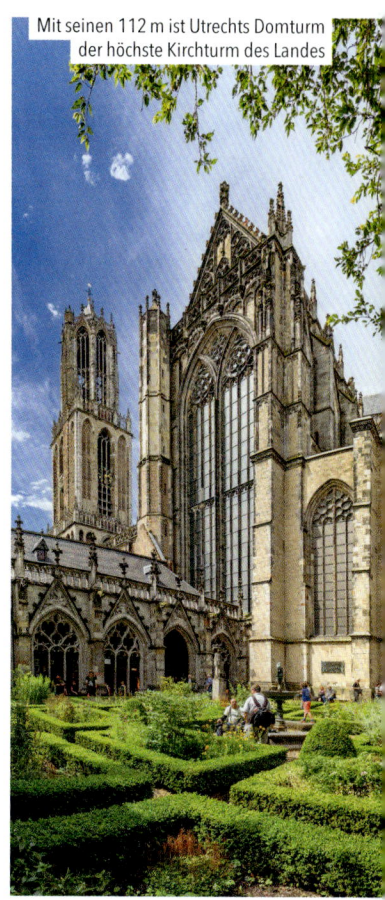

Mit seinen 112 m ist Utrechts Domturm der höchste Kirchturm des Landes

ESSEN & TRINKEN

DE WINKEL VAN SINKEL

Ein Utrechter Klassiker: Im ersten Warenhaus der Niederlande werden heute französisch-holländische Gerichte serviert. Am Wochenende wird getanzt. *Tgl. | Oudegracht 158 | Tel. 030 2 30 30 30 | dewinkelvansinkel.nl | €€*

DE RECHTBANK

Die stilvolle Brasserie mit der langen Bar befindet sich im ehemaligen Gerichtsgebäude an einer lauschigen Ecke unweit vom Dom. Gute Brötchen und viele Fischgerichte. *Tgl. | Korte Nieuwstraat | Tel. 030 2 33 00 30 | de-rechtbank.nl | €–€€*

KUNST EN EERLIJKE KOFFIE

Im gelben Café unweit vom Centraal Museum hängt wechselnde Kunst. Lass dir die selbst gemachten Torten schmecken und trink biologischen Tee oder Kaffee dazu. *Mo–Fr 8.30–17, Sa/So 9–18 Uhr | Twijnstraat 23 | kunst eneerlijkekoffie.nl*

SHOPPEN

Utrecht ist eine sehr gute Einkaufsstadt, vor allem die Innenstadt rund um den Dom ist ein ideales Bummelterrain. Wer mit dem Zug kommt, gelangt direkt vom Bahnhof ins riesige Einkaufszentrum *Hoog Catharijne (hoogcatharijne.nl)*.

Rietveld Schröderhuis ★

250 m
273 yd

Viele Studentenkneipen an der *Oude-gracht.* Große Partys steigen in der Festivalsaison am Strand *Oog In Al* und im Musikpalast *Tivoli Vredenburg.*

RUND UM UTRECHT

🔢 HAARZUILENS

11 km westlich von Utrecht/45 Min. mit dem Rad

Das idyllische Dorf ist in den Niederlanden vor allem bekannt für sein mit-telalterliches Schloss: *Kasteel de Haar (Park tgl. 9–17, Schloss 11–17 Uhr | Schloss und Park 17 Euro, nur Park 6 Euro | kasteeldehaar.nl)* ist mit sei-nen ausgedehnten Gärten und Parks ein beliebtes Ausflugsziel.

Das Rot-Weiß des Schlosswappens ziert auch sämtliche Fensterläden der umliegenden Häuser sowie die Stra-ßenschilder. Architekt Pierre Cuypers, der das heruntergekommene Schloss im 18. Jh. originalgetreu wiederauf-baute, schuf so ein Gesamtkunstwerk. ▢ D9

🔢 WOERDEN

10 Min. westlich von Utrecht mit der Bahn

Idylle pur am Lauf des Alten Rheins im Naherholungsgebiet Groene Hart! Schönstes Bauwerk in der ehemali-gen Festungsstadt (51 000 Ew.) ist das alte *Rathaus (Kerkplein 6),* an des-sen Fassade ein Pranger erhalten ist. Im Mittelalter wurden die daran ange-ketteten Verbrecher von den Bewoh-nern mit Eiern und Abfall beworfen. ▢ D9

🔢 VECHTSTREEK

20 km bis Loenen/1¼ Std. mit dem Rad

Das Flüsschen Vecht mäandert zwi-schen Utrecht und Muiden, wo es ins Markermeer mündet, durch maleri-sche Dörfer und an Landgütern und Lustschlössern vorbei – ideal für eine entspannte Fahrradtour oder eine Bootsfahrt. Eine Radtour an der Vecht entlang findest du im Kapitel „Erleb-nistouren". *zichtopdevechtstreek.nl* ▢ D9

FRIESLAND UND DER NORDEN

Der Norden der Niederlande lässt es ruhig angehen. Im „Kop van Noordholland", der Landzunge zwischen Nordsee und IJsselmeer, ist viel Fischer- und Segeltradition zu Hause. Und von Den Helder ist man ratzfatz auf der Insel Texel.

Der Afsluitdijk zwischen Nordsee und IJsselmeer führt in die Provinz Friesland mit weiter, grüner Landschaft, Seen, Kanälen und großartiger Küste. Die Friesen sind ein eigenes Völkchen mit eigener Sprache, dem Friesischen *(Frysk)*. Die Hauptstadt der Provinz, Leeuwar-

Westküste auf Texel: Zieh dich warm an, Mittelmeer – so geht Strand!

den, war 2018 europäische Kulturhauptstadt, was viele Kunst- und Naturprojekte angeschoben hat.

Weiter Richtung Osten liegt die Provinz Groningen mit viel Natur, reetgedeckten Bauernhäusern und großen Erdgasvorkommen. Südlich von Groningen liegt die beschauliche Provinz Drenthe mit der Hauptstadt Assen. Wälder, trockengelegte Moore und Hünengräber sind hier ideal zum Zur-Ruhe-Kommen – oder zum richtig Sportlichwerden.

FRIESLAND UND DER NORDEN

Noordzee

20 km
12.43 mi

7 Terschelling

8 Vlieland

W a d d e n e i l a n d e n

28 km, 20 Min.

4 Franeker

Harlingen
S. 82

`A31`

`N7`

Duinen van Texel

`A7`

5 Bols-
ward

Sneek

2 Texel

6 Afsluitdijk ★

Den Helder

`N359`

Julianadorp

IJssel-
meer

Anna Paulowna

Schagen

Medemblik

Zuiderzeemuseum ★

`N242`

Schoorl

3 Enkhuizen

Urk

1 Bergen
Bergen aan Zee

`A7`

Hoorn

Alkmaar
S.78

Heiloo

`A9`

`A6`

MARCO POLO HIGHLIGHTS

★ **AFSLUITDIJK**
Auffahrt mit Lichterspiel, danach 32 km pure Ingenieurskunst ➤ S.84

★ **ZUIDERZEEMUSEUM IN ENKHUIZEN**
Altes Handwerk sehen, riechen, hören, fühlen und schmecken ➤ S.82

★ **GRONINGER MUSEUM**
Spektakuläre Architektur und interessante Wechselausstellungen ➤ S.87

★ **AMELAND**
Die Insel im Wattenmeer ist ein Nordsee-paradies für Radfahrer, Strandläufer und Vogelfreunde ➤ S.87

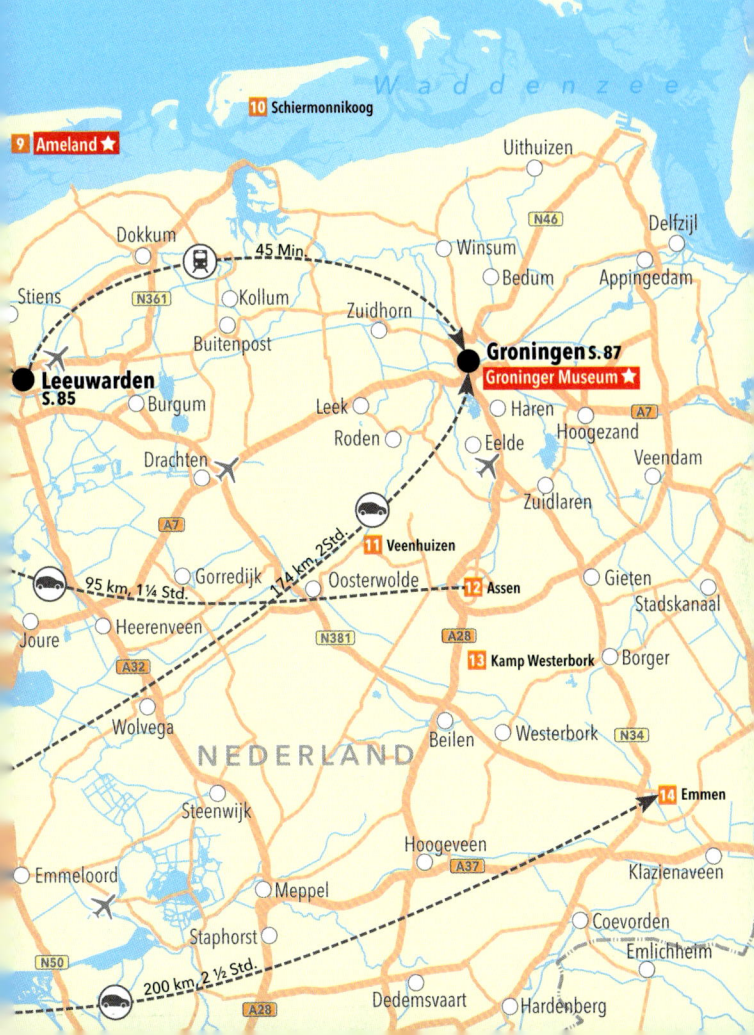

Der Küste vorgelagert sind die fünf Westfriesischen Inseln, allesamt beliebte Ferienziele.

Die Niederländer schätzen, dass Texel von der Randstad aus relativ schnell zu erreichen ist und man auf Vlieland, Terschelling, Ameland und Schiermonnikoog immer ein Plätzchen für sein Zelt findet. Die *Waddeneilanden*, wie sie auf Holländisch wegen ihrer Lage mitten im Unesco-Welterbe Wattenmeer heißen, stehen für unberührte Natur und kilometerlange Sandstrände, für Vogelgezwitscher und Badespaß.

Bei günstiger Tide wird schon die Überfahrt zum Erlebnis: Dann kann man die Seehunde auf den Sandbänken faulenzen sehen. Es gibt zahlreiche Bungalowparks, Ferienhäuschen, Hotels, Jugendherbergen und Campinganlagen; dennoch sollten Unterkünfte – besonders in der Hochsaison – frühzeitig gebucht werden. In der Hochsaison sind die Inseln per Fähre auch untereinander verbunden. Ausführlich informiert der MARCO POLO Reiseführer „Niederländische Küste".

ALKMAAR

(□□ C–D 7–8) **Die gut erhaltene mittelalterliche Grachtenstadt (107 000 Ew.) mit vielen baumgesäumten Kanälen und malerischen weißen Zugbrücken wird auch Käsestadt genannt und die Alkmaarer Käsköppe.** Kein Wunder, denn im Sommer findet jeden Freitag auf dem Marktplatz der traditionelle Käsemarkt statt, ein mit-

Schaffen ordentlich was weg: Alkmaars Käseträger beim Workout

lerweile recht touristisches Spektakel, bei dem die weiß gekleideten Käseträger mit ihren Strohhüten die gelben Käselaibe auf der historischen Waage wiegen lassen.

SIGHTSEEING

KÄSEMARKT

Der traditionelle Käsemarkt mit Trägern in Tracht und Holzschuhen beginnt mit einem Glockenspiel um 9.15 Uhr, um 10 Uhr geht es richtig los und folgt bis 13 Uhr einem festen Programm. Drum herum sind Marktstände für einen gemütlichen Bummel. Das farbenfrohe Spektakel zieht zwar vor allem Touristen an, doch werden die Käselaibe nach wie vor von Warenprüfern getestet, danach gewogen und schließlich an die Großhändler verkauft. *April–Sept. Fr 10–13, Juli/Aug. auch Di 19–21 Uhr | Waagplein | kaasmarkt.nl*

HOLLANDS KAASMUSEUM

Hier lernst du alles über das Gold von Alkmaar, den Käse. Schönes Gebäude und interaktive Ausstellungen mit Titeln wie „Von der Kuh zum Käse". *Stark gestaffelte Zeiten s. Website | 5 Euro, Kinder 4–12 Jahre 2 Euro | Waagplein 2 | kaasmuseum.nl*

NATIONAAL BIERMUSEUM DE BOOM

Bis 1750 wurde in diesem historischen Gebäude Bier gebraut. Heute dient das Haus als Biermuseum – samt integrierter Probierstube mit mehr als 80 verschiedenen Sorten zum Testen. *Mo–Sa 13–16, April–Sept.*

Fr schon ab 11 Uhr | 5 Euro | Houttil 1 | biermuseum.nl

STEDELIJK MUSEUM ALKMAAR

In dem Neubau wird die Geschichte von Alkmaar und Umgebung erzählt – die Stadt widersetzte sich im 80-jährigen Krieg 1573 erfolgreich den Spaniern. Außerdem viel Kunst (Bergense School) und wechselnde Ausstellungen. *Di–So 11–17 Uhr | 12 Euro | Canadaplein 1 | stedelijkmuseumalkmaar.nl | 2 Std.*

ESSEN & TRINKEN

INDONESISCH RESTAURANT DELI

Indonesische Küche im historischen Zentrum. Es gibt verschiedene *rijsttafels* nach Familienrezepten, auch vegetarische. *Mo/Di und mittags geschl. | Mient 8 | Tel. 072 5 15 40 82 | indonesischrestaurantdeli.nl | €€–€€€*

HEEREN VAN SONOY

Restaurant und Café in einem alten Kloster mit schönem, großzügigem Garten. Ausführliche Weinkarte. *Tgl. | Hof van Sonoy 1 | Tel. 072 5 12 12 22 | heerenvansonoy.nl | €€*

RUND UM ALKMAAR

1 BERGEN UND BERGEN AAN ZEE

12 km bis Bergen aan Zee westlich von Alkmaar/45 Min. mit dem Rad

Der hübsche, kleine Badeort entstand Anfang des 20. Jhs. Wer genug vom tollen  *Sandstrand* mit schönen Strandpavillons und gediegenen Cafés hat, kann sich in den 50 Becken des *Zeeaquariums* (April–Sept. tgl. 10–18, Okt.–März 11–17 Uhr | 13,95 Euro, Kinder 3–12 Jahre 9,95 Euro | Van den Wijdeplein 16 | zeeaquarium.nl) Fische aus allen Weltmeeren ansehen.

6 km landeinwärts liegt der sehenswerte Ortsteil *Bergen Binnen* – eine Art Worpswede am Meer. Hier fand die Künstlerkolonie Bergense School aus expressionistischen Malern um Charley Toorop ihren Stil. Das Viertel *Park Meerwijk* ist vollständig im Stil der 1920er-Jahre erbaut. Noch heute wohnen hier viele Künstler und stellen in den Galerien des Orts und im

Kunstenaars Centrum (Di–So 11–17 Uhr | 9 Euro | Hoflaan 26 | kunstenaarscentrumbergen.nl) aus. C7

2 TEXEL

20 Min. mit der Fähre vom 40 km nördlich von Alkmaar gelegenen Den Helder

Die westlichste der fünf Watteninseln zählt mehr Schafe (16 000) als Menschen (13 000). Sie war ein strategisch wichtiger Punkt auf der Route der Ostindienfahrer, weil das Texeler Quellwasser in den Tropen weniger schnell ungenießbar wurde als herkömmliches Wasser. Außerdem warteten viele Schiffe bei Texel schwere Stürme ab, bevor sie in den Atlantik ausliefen. Vor der Küste der Insel liegen unzählige

Strandkorb? Pah! Auf Texel darf's ein *strandhuisje* sein für den gepflegten Tag am Meer

Schiffswracks, aus denen immer noch alte Schätze geborgen werden.

Die kulinarische Spezialität der Insel ist Lammfleisch: Die Tiere weiden das ganze Jahr über draußen und fressen salzhaltiges Gras. So gelangt das Meersalz ins Fleisch der Lämmer und sorgt für den würzigen Geschmack. Empfohlen seien auch die acht (!) verschiedenen Sorten Kräuterliköre *(kruidenbitter)*, die auf der Insel gebrannt werden.

Ferienhäuschen sind sehr populär auf der Insel. Wer Strandnähe bevorzugt, ist im ehemaligen Fischerdorf *De Koog* am besten bedient, dort ist das Angebot am vielfältigsten. Ruhiger ist das malerische *Oudenschild* an der Wattenküste. Im Nationalpark  *Duinen van Texel* an der Nordseeseite locken breite, einsame Strände mit wenig Bohei.

Alles über Strandräuber lernst du im *Museum Kaap Skil (Di–So, März– Okt. tgl. 10–17 Uhr | 9,25 Euro, Kinder 4–14 Jahre 6,75 Euro | Heemskerckstraat 9 | kaapskil.nl)* in Oudeschild voller Entdeckungen. Im Naturpark südlich von De Koog steht das Zentrum *Ecomare (tgl. 9.30–17 Uhr | 13,50 Euro, Kinder 4–13 Jahre 9,50 Euro | Ruijslaan 92 | ecomare.nl)* mit Ausstellungen, Bassins für Seehunde, Schweinswale und andere Wattbewohner, einem Dünenpark, Spielplätzen und einem Observatorium. *C-D6*

3 ENKHUIZEN

47 km nordöstlich von Alkmaar/ 40 Min. über die N 243, A 7 und N 307
Genau wie früher sieht man im IJsselmeer-Hafen von Enkhuizen mit zahlreichen alten Speichern und historischen Kaufmannshäusern noch heute viele Boote. Für zahlreiche Charterunternehmen, die mit Passagieren auf alten Schiffen rund ums IJsselmeer oder bis zu den Westfriesischen Inseln segeln, ist die 18 000-Ew.-Stadt Start- und Zielhafen. Mitsegeln? Das geht: Der Reederzusammenschluss *Naupar (Tel. 088 2 52 50 00 | naupar. com)* vermittelt Kojen auf traditionellen Schiffen. Die Törns führen entweder kreuz und quer übers IJsselmeer oder zu den Watteninseln. Moderne Yachten kann man bei Vorlegen eines entsprechenden Segelscheins bei *Andijk Zeiljacht Verhuur (Nieuwe Haven 5 | Tel. 0228 59 13 99 | andijkjachtver*

huur.nl) im Nachbarort Bovenkarspel mieten.

Absolut empfehlenswert ist ein Besuch im ★ 🔭 *Zuiderzeemuseum (tgl. 10–17 Uhr, Außenmuseum Demonstrationen alter Handwerke April–Okt., Nov.–März nur als Park zugänglich | 16 Euro, Kinder 4–12 Jahre 10 Euro | Wierdijk 12–22 | zuiderzeemuseum. nl | ⏱ 3 Std.)* mit jeder Menge Vorführungen, die altes Handwerk wie Seilflechten wieder zum Leben erwecken und die Geschichte der Zuiderzee – heute das IJsselmeer – erzählen. Wie in den meisten Häfen rund ums IJsselmeer kann man in Enkhuizen ausgezeichnet Fisch essen, am besten rund um den Hafen und in der Westerstraat. 🗺 *E7*

HARLINGEN

(🗺 *E6*) **Das Markenzeichen von Harlingen ist der markante Leuchtturm. In dem gemütlichen Hafenstädtchen (16 000 Ew.) halten 500 denkmalgeschützte Giebelhäuser die Erinnerung an die glorreiche Blütezeit im 17. Jh wach.**

Als die friesische Admiralität 1664 ihren Hauptsitz hierher verlegte, bescherte dies der Stadt einen enormen Aufschwung. Noch immer erinnern Schilder an den ehemaligen Lagerschuppen an die vergangene Kolonialzeit. Harns, wie die Stadt auf Friesisch genannt wird, besitzt als einzige Stadt in der Provinz Friesland einen direkten Meerzugang. Es gibt einen Fischerei- und einen Industriehafen

sowie den Fährdienst zu den Watteninseln Vlieland und Terschelling hinter der langen Hafenmole. Historische Segelschiffe und Yachten liegen im Noorderhaven und am Noordergrachtswal.

SIGHTSEEING

HANNEMAHUIS

Im ehemaligen Wohnhaus der Kaufmannsfamilie Hannema steht die Geschichte der Stadt im Zentrum. Anhand von alten Seegemälden, Fotos und Schiffsmodellen kannst du eine anschauliche Reise in die Vergangenheit der Hafenstadt machen. Die Audiotour wird auch auf Deutsch angeboten. *Di–So 12–17 Uhr | 5 Euro | Voorstraat 56 | hannemahuis.nl*

RATHAUS

Das schöne *stadhuis* im Louis-XIV-Stil mit dem blumengeschmückten Balkon im Noorderhaven ist von mehreren imposanten Patrizierhäusern umringt. Den Vorgiebel ziert die vergoldete Figur des hl. Michael: Er ist nämlich der Schutzpatron der Stadt. *Noorderhaven 86*

STROFFELSTIENNEN

Beim Rundgang durch das Städtchen wirst du immer wieder auf im Gehweg eingelassene Messingplatten mit Gravuren stoßen. Diese *stroffelstiennen,* wie die Stolpersteine des deutschen Künstlers Gunter Demnig im Harlinger Dialekt genannt werden, erinnern an das Schicksal der während der deutschen Besatzung im Zweiten Weltkrieg deportierten Menschen. In

Harlingen wohnten einst mehrere Hundert Juden; 1940 waren es noch 45 – von ihnen überlebte nur ein Einziger den Völkermord der Nazis. *U. a. Schritsen 10, Grote Ossenmarkt 16, Kleine Bredeplaats 16 und 18*

BRUNNEN DE WALVIS

Im Rahmen des Kulturhauptstadtprojekts 11 Fountains entwarfen die Künstler Jennifer Allora und Guillermo Calzadilla einen enormen Pottwal für das Hafenbecken, der am Zuiderpier regelmäßig Fontänen spuckt: eine Erinnerung an den einst lukrativen Walfang und die mittlerweile bedrohten Tiere. In zehn Städtchen rund um Harlingen markieren zehn weitere dieser originellen Brunnen den berühmten Elfstedentocht: *11fountains. nl*

ESSEN & TRINKEN

DE TJOTTER

Das elegante Fischrestaurant lockt mit einer Terrasse und Austernbar. *Im Sommer tgl. | St. Jacobstraat 1–3 | Tel. 0517 41 46 91 | detjotter.nl | €€–€€€*

RUND UM HARLINGEN

4 FRANEKER

12 km östlich von Harlingen/15 Min. über die A 31

Für den Geburtsort des niederländischen Astronomen Jan Hendrik Oort (1900–1992) schuf der Künstler Jean-Michel Othoniel im Zuge des 11-Foun-

Das ganze Sonnensystem an der Decke eines Grachtenhauses: Planetarium in Franeker

Bitte nicht nachmachen: Die Dünen auf Terschelling dürfen nicht betreten werden!

tain-Projekts den Brunnen *De Oort-wolk,* der von der Oortschen Wolke inspiriert ist. Oort hatte diese Theorie von einer Kometenwolke am Rand unseres Sonnensystems begründet. Neben vielen historischen Gebäuden besitzt Franeker (13 000 Ew.) aber auch das älteste noch funktionierende Planetarium der Welt: Im *Koninklijk Eise Eisinga Planetarium (Di–Sa 10–17, So, April–Okt. auch Mo 11– 17 Uhr | 5,50 Euro | Eise Eisingastraat 3 | plane tarium-friesland.nl)* ist an der Decke eines Grachtenhauses das ganze Sonnensystem zu sehen.

INSIDER-TIPP
Von Friesland ins Weltall

Der aufgeklärte Wollkämmer und passionierte Hobbyastronom Eise Eisinga entwarf im 18. Jh. das System, das bis heute den Stand der Planeten korrekt anzeigt. *E6*

5 BOLSWARD

20 km südlich von Harlingen/20 Min. über die N 31 und A 7
Dem Städtchen (10 000 Ew.) sieht man seine Vergangenheit als alte Hansestadt dank vieler denkmalgeschützter Gebäude – darunter das *Rathaus* mit Rokokoelementen – noch an. Im protestantischen Friesland ist Bolsward eine katholische Enklave, was dem Ort einen anderen Charakter verleiht. In der *Schnapsbrennerei Sonnema (Führung mit Verkostung und Cocktailworkshop 6,50 Euro | Stoombootkade 6 | sonnema.nl)* wird der Kräuterbitter Berenburg gebrannt. Auch in Bolsward steht ein Brunnen des 11-Fountain-Projekts: Johan Creten entwarf *De Vleermuis* in Form einer begehbaren Fledermaus, die vor der Broerekerk steht. *E6*

6 AFSLUITDIJK ★

11 km bis zur Auffahrt Zurich südlich von Harlingen/10 Min. über die N 31
32 km lang und ein monumentales Zeugnis niederländischer Wasserbaukunst ist der „Abschlussdamm", der die ehemalige Zuiderzee von der Nordsee abschließt. So entstanden das heutige IJsselmeer und später die Provinz Flevoland. Nachts erleuchtet das Lichtkunstwerk *Gates of Light* die alten Schleusen. Informationen gibts im *Afsluitdijk Wadden Center (tgl. 10–18 Uhr | 4,50 Euro | afsluitdijkwaddencen*

ter.nl) bei Kornwerderzand gleich am nördlichen Anfang des Damms.

7 TERSCHELLING

2 Std. nordwestlich von Harlingen mit der Fähre

Das Wahrzeichen der Insel, der 54 m hohe, rote Leuchtturm *Brandaris,* grüßt schon von Weitem. Auf der 30 km langen und 5 km breiten Insel gibt es mehrere winzige Ortschaften. Im Herbst sammeln die fast 5000 Insulaner 🐾 Cranberrys. Dazu erzählt man sich folgende Geschichte: Nach einem Sturm im 19. Jh. fand ein Strandgutsammler ein Fass, das eine rote, ihm unbekannte Sauce enthielt. Die Flüssigkeit versickerte im Boden und seither wachsen auf Terschelling wilde Cranberrys – eine Seltenheit in Europa. 🗺 D-E5

8 VLIELAND

1¾ Std. westlich von Harlingen mit der Fähre

Die autofreie Insel, die sich auf einer Länge von 20 und einer Breite von 2,5 km erstreckt, ist eine Oase der Ruhe. Hinter dem Hafen befindet sich das einzige Dorf. Der Rest besteht aus Dünen, weiträumigen Vogelschutzgebieten wie dem *Kroonspolder* und der Sandplatte *Vliehors,* die zum Ärger vieler militärisches Übungsgelände geworden ist. Keine Sorge: In der Hochsaison finden keine Schießübungen statt. Im Watt leben (wieder) wilde Austern. Für den Eigenbedarf darf man sie auch ernten. 🗺 D5

INSIDER-TIPP
Austern pflücken!

LEEUWARDEN

(🗺 F6) **Die Hauptstadt der Provinz Friesland (Fryslân), die auf Friesisch Ljouwert heißt, ist auf drei Hügeln, sogenannten Terpen oder Warften, entstanden.**

In der von Grachten durchzogenen historischen Innenstadt steht eine

DIE ELFSTEDENTOCHT

Der *Elfstedentocht* – die „Elf-Städte-Tour" – hat bei den Friesen (und auch bei den meisten Niederländern) nahezu mythische Dimensionen und ist Teil der kollektiven Zeitmessung („War das vor oder nach dem letzten Elfstedentocht?"). Start und Ziel des Rennens, das nur in strengen Wintern stattfinden kann, ist Leeuwarden. Die weiteren Stationen sind Sneek, IJlst, Sloten, Stavoren, Hindelopen, Workum, Bolsward, Harlin-gen, Franeker und Dokkum. Weil der Klimawandel es immer unwahrscheinlicher macht, dass es noch viele dieser Rennen gibt, setzte man 2018, als Leeuwarden europäische Kulturhauptstadt war, den elf Städten ein Denkmal. Oder besser gesagt: elf Denkmäler. Jede Stadt bekam einen Brunnen von einem internationalen Künstler, der die Geschichte der Stadt spiegeln soll *(11 fountains.nl).*

Wenn Architekten würfeln: Die Pavillonkuben des Groninger Museums sind ein Hingucker

Vielzahl denkmalgeschützter Häuser. Leeuwarden (108 000 Ew.), 2018 Kulturhauptstadt Europas, ist Start- und Zielort der spektakulären *Elfstedentocht,* des 200 km langen Schlittschuhrennens durch elf friesische Städtchen. Im Sommer bietet sich die Möglichkeit, eine ähnliche Tour an den Kanälen entlang mit dem Rad oder auf Inlinern zu unternehmen.

SIGHTSEEING

BRUNNEN LOVE

Vor dem Bahnhof steht der vom Spanier Jaume Plensa entworfene Brunnen, der zwei Kinderköpfe darstellt, die in friesischen Morgennebel gehüllt sind.

FRIES MUSEUM

In dem modernen Heimatmuseum gibt es neben Porzellan und archäologischen Funden eine Abteilung, die Mata Hari gewidmet ist. Die berühmte Spionin aus dem Ersten Weltkrieg hatte ihre Jugend in Leeuwarden verbracht. *Di–So 11–17 Uhr | 15 Euro | Turfmarkt 11 | friesmuseum.nl |* ⏱ *2 Std.*

VEEMARKT

Auf dem Viehmarkt wechseln die prächtigsten Kühe ihren Besitzer. Den schwarzweiß gescheckten friesischen Kühen hat man eigens ein Denkmal aufgestellt: *Us Mem,* die Mutterkuh, steht in voller Größe an der Kreuzung von Harlingersingel und Harlingerstraatweg. *Do 7–11 Uhr*

ESSEN & TRINKEN

POST PLAZA

Grand Café und Restaurant in der alten Hauptpost. Hip eingerichtet und professionell betrieben, mit eigener Kaffeerösterei. *Tgl. | Tweebaksmarkt 25–27 | Tel. 058 2 15 93 17 | post-plaza. nl | €€*

DE KOPEREN TUIN

Idyllisch auf einer Anhöhe im Stadtpark Prinsentuin gelegenes Grand Café mit großer Terrasse. Viele Fischgerichte, aber auch Spezialitäten der niederländischen Karibik. *Mo-Abend und Di-Abend geschl. | Prinsentuin 1 | Tel. 058 2 13 11 00 | dekoperentuin. nl | €€*

RUND UM LEEUWARDEN

🟧 AMELAND ⭐

50 Min. mit der Fähre vom 30 km nördlich von Leeuwarden gelegenen Holwerd

Natur und Ruhe sind die Trümpfe der zweitöstlichsten der Watteninseln. 3600 Einwohner leben in den vier Dörfern. Es gibt Freizeitangebote zuhauf, echte Liebhaber wandern jedoch einfach über den Strand, radeln durch die Dünen und bewundern das einzigartige Wattenmeer. Topausflugsziel ist die Ostplatte *(Het Oerd),* wo man in den hohen alten Dünen viele Seevögel (bis zu 30 Arten!) beobachten kann. *E–F5*

GRONINGEN

(G5–6) **Die Hansestadt (202 000 Ew.) ganz im Norden der Niederlande ist gemütlich und lebendig. Die Studenten der ehrwürdigen Universität und dreier Fachhochschulen prägen das Stadtleben.**

Den Grote Markt, der von ein paar Bausünden geplagt ist, schließt man nicht sofort ins Herz. Aber immerhin steht hier das repräsentative alte Rathaus und konzentrieren sich die meisten Kneipen. Viel kuschliger ist die Atmosphäre gleich nebenan rund um den Martinikerkhof. Auch in Groningen lohnt sich eine Stadtrundfahrt per Schiff, aber auch Bootsausflüge in die Umgebung sind interessant *(short.tra vel/nie10).*

SIGHTSEEING

STATION GRONINGEN

Der Jugendstilbahnhof von 1896 wurde renoviert und in den ursprünglichen Zustand gebracht. In der 14 m hohen Eingangshalle siehst du eindrucksvolle, monumentale Fliesenbilder und Holzschnitzereien.

GRONINGER MUSEUM ⭐

Diesen vom italienischen Architekten Alessandro Mendini auf der Museumsinsel vor dem Bahnhof gebauten bunten Kunsttempel darf man wohl als das spektakulärste Gebäude in den Niederlanden bezeichnen. Architektonisch abenteuerlich und wie gerade gelandet wirkt das Museum, außen bunt und fröhlich, innen vielseitig und wagemutig. Die Kollektion umfasst bildende Kunst vom 16. bis 20. Jh. und Wissenswertes zur regionalen Geschichte. Daneben gibt es zahlreiche Wechselausstellungen. *Di–So, in den Schulferien tgl. 10–17 Uhr | 20 Euro | Museumeiland 1 | groninger museum.nl | ⏱ 2½ Std.*

MARTINITOREN

Die Groninger nennen ihn liebevoll den alten Grauen: *Olle Grieze.* Wohnungen mit Blick auf den 97 m hohen Martiniturm sind sehr begehrt – und besteigen kann man ihn auch. *Mo 12–17, Di–Sa 11–17, So 12–16 Uhr | 3 Euro | Grote Markt*

MARTINIKERK

Ein schönes Beispiel, dass der Umgang mit Religion nicht verkrampft sein muss: Die gotische Kreuzbasilika aus dem 13. Jh. mit wunderschönen Wandmalereien aus dem 16. Jh. kann man für Events mieten und wilde Feste veranstalten, aber am Sonntag ist immer Gottesdienst. *Stark schwankende Zeiten s. Website | 1 Euro | Martinikerkhof 3 | martinikerk.nl*

NOORDELIJK SCHEEPVAARTMUSEUM

Alte Utensilien, Navigationsinstrumente, historische Fotos, Gemälde und Schiffsbauzeichnungen geben einen guten Überblick über die Schifffahrt in den nordniederländischen Provinzen vergangener Zeiten. Im Sommer veranstaltet das Museum Fahrten auf historischen Schiffen. *Di–Sa 10–17, So 13–17 Uhr | 7,50 Euro | Brugstraat 24 | noordelijkscheepvaartmuseum.nl*

NEDERLANDS STRIPMUSEUM 👓

Nicht, was du denkst: Strips sind Comics – und die haben eine lange Tradition in den Beneluxländern. Deshalb gibt es in Groningen dieses Museum mit einer ständigen Kollektion und mehrmals jährlich wechselnden Ausstellungen. Wer will, kann in einem Atelier das Comiczeichnen lernen. *Di–Fr, in den Schulferien auch Mo 12.30–17, Sa/So, in den Schulferien Di–So 10–17 Uhr | 9,95 Euro, Kinder 3–11 Jahre 8,50 Euro | Westerhaven 71 | stripmuseum.nl*

ESSEN & TRINKEN

'T FEITHHUIS

Katerfrühstück oder *broodjes,* Bagels oder High Tea: In diesem gemütlichen Pfarrhaus aus dem 15. Jh. mit schönem Blick auf die Martinikerk werden die unterschiedlichsten Bedürfnisse gestillt. *Tgl. | Martinikerkhof 10 | Tel. 050 3 13 53 35 | restaurant-feithhuis. nl | €–€€*

DE BIECHTSTOEL

Unter den prüfenden Blicken zahlreicher Heiligenstatuen kannst du dir im Beichtstuhl, diesem großen Restaurant mit Bar im Zentrum, himmlische Gerichte wie Coq au vin oder Kroketten aus Ziegenkäse zu Gemüte führen. *Mo und mittags geschl. | Damsterdiep 22–24 | Tel. 050 3 13 82 46 | debiechstoel.com | €€*

TOET

Gegenüber vom Groninger Museum ein Café und Restaurant, das keinen Hehl daraus macht, dass bei einer

Autofreies Paradies für Segler und Radler: Schiermonnikoog, östlichste der Watteninseln

Mahlzeit der Nachtisch das Wichtigste ist. Jede Menge Torten und Süßspeisen (aber auch Herzhaftes) und High Tea. *So/Mo 12–17.30, Di–Sa 10–17.30 Uhr | Ubbo Emmiusstraat 19 | Tel. 050 7 85 03 98 | toet.nu | €*

AUSGEHEN & FEIERN

Im Ausgehviertel um Poele- und Peperstraat findest du zahlreiche Cafés, die auch spät noch auf sind, beispielsweise das *Time Out (tgl. 11–3 Uhr | Poelestraat 34–36 | grandcafetimeout. nl)* oder *Het Pakhuis Groningen (Di–Sa 21.30–5 Uhr | Peperstraat 8-2 | hetpak huisgroningen.nl),* wo am Wochenende Bands auftreten oder DJs auflegen. Jazz, Soul und Funk läuft im *Buckshot Café (Mo–Mi ab 16, Do und So ab 14, Fr/Sa ab 21 Uhr | Gedempte Zuiderdiep 58).*

RUND UM GRONINGEN

🔟 SCHIERMONNIKOOG

45 Min. mit der Fähre vom 42 km nordwestlich von Groningen gelegenen Lauwersoog

Auf die kleinste und östlichste der fünf *Waddeneilanden* darfst du im Sommer auch laufen: bei Ebbe in einem zünftigen Fußmarsch von Pieterbuuren, allerdings nur im Rahmen einer geführten Tour *(wadlopen-pieter buren.nl).* Diese Tour durchs Wattenmeer ist kein Zuckerschlecken, bei jedem Schritt sinkt man tief ein und braucht daher für die 20 km mindestens fünf Stunden. Auf der Insel sind keine Autos zugelassen, was *Schier,* wie die Insulaner ihre Heimat kurz

nennen, zu einem absoluten Fahrrad-
paradies macht. *F5*

11 VEENHUIZEN

33 km südlich von Groningen/40 Min.
über die N 372
Böse Zungen behaupten, die weitläufige, dünn besiedelte Provinz Drenthe
sei so eine Art holländisches Sibirien.
In Veenhuizen passt der Vergleich: Der
Ort wurde im 19. Jh. Schauplatz eines
großen Umerziehungsprojekts: In vier
mehr oder weniger geschlossenen
Anstalten wurden Landstreicher und
Arme aufgenommen, um zu „besse-
ren Menschen" zu werden. Gut ge-
meint ist nicht immer gut gemacht –
im Lauf der Zeit wurden diese sogenannten „Kolonien der Wohltätig-
keit" zu regelrechten Gefängnissen.
Das gescheiterte soziale Experiment
ist gut dokumentiert im *Museum Het
Gevangenismuseum (Di–So 10–17
Uhr | 9,50 Euro | Oude Gracht 1 | ge
vangenismuseum.nl)* und 30 km weiter südwestlich in *Frederiksoord* im Do-
kumentationszentrum *De Proefkolonie
(Di–So, in den Schulferien tgl. 10–17
Uhr | 9,50 Euro | Majoor van Swieten-
laan 1a | proefkolonie.nl).* *G6*

12 ASSEN

30 km südlich von Groningen/
25 Min. über die A 28
Die Hauptstadt der Provinz Drenthe
(67 000 Ew.) ist bekannt für ihre zahlreichen Parks und Grünanlagen; im
Volksmund heißt die Stadt denn auch
stad in het groen (Stadt im Grünen). In
Assen geht es – wie in ganz Drenthe –
ruhig und beschaulich zu. Nur einmal
im Jahr bebt die Erde, wenn sich Mo-

torradfahrer aus ganz Europa hier zum
Festival Dutch TT treffen und die ganze
Stadt zum Feldlager wird. Dann werden sämtliche Vorgärten in provisori-
sche Campingplätze verwandelt und
abends strömt das Bier auf der Straße.
Von hier aus kannst du aber auch tolle
Radtouren unternehmen.
Das *Drents Museum (Di–So 11–17
Uhr | 15 Euro | Brink 1 | drentsmuseum.
nl)* ist im ehemaligen Gouverneurspa-
last untergebracht und zeigt prähisto-
rische Funde, darunter auch Moorlei-
chen. Prunkstück ist das älteste Boot
der Welt, das Baumstammkanu von
Pesse, von ca. 6500 v. Chr.
Im Höhenzug *Hondsrug* östlich von
Assen gibt es neben
schönen Wanderwe-
gen auch Spannendes
für Kinder: Von unter
der Erde bis hinauf in die Baumkronen führt der 🎭 *Boomkroonpad (April–Okt tgl. 10–17, Nov.–März Sa 12–16,
So 10–16 Uhr | 4,50 Euro, Kinder 4–12
Jahr 2,25 Euro | Steenhopenweg 4 |
short.travel/nie11)* bei Drouwen und
der 🎭 *Speelbos Lorken* ist ein Aben-
teuerspielplatz, wo man Hütten bau-
en darf. *G6*

INSIDER-TIPP
Über allen
Wipfeln …

13 KAMP WESTERBORK

40 km südlich von Groningen/35 Min.
über die A 28
Der Holocaust zwang alle verschlepp-
ten Juden in den Niederlanden in das
Durchgangslager Westerbork bei
Hooghalen in Drenthe. Von hier gin-
gen die Transporte in die Vernich-
tungslager. Zwei Drittel der Ver-
schleppten kehrten nicht zurück. Von
den ursprünglichen Baracken ist

nichts mehr zu sehen, die Erinnerungsstätte zeigt Rekonstruktionen und dokumentiert das Schicksal von mehr als 107000 während des Dritten Reichs verschleppten Menschen. *Mo–Fr 10–17, Sa/So 11–17 Uhr | 9,25 Euro | Oosthalen 8 | kampwesterbork.nl |* ⏱ *3 Std. |* ▥ *G7*

14 EMMEN

60 km südlich von Groningen/ 50 Min. über die N 34

Einst Zentrum der Torfstecherei, ist Emmen (109000 Ew.) heute eine dynamische Industriestadt mit modernen Neubauvierteln. Im und rund um den Ort gibt es elf prähistorische *hunebedden* (Hünengräber). 15 km nördlich bei *Borger* liegt das 🐾 *Hunebed Centrum (tgl. 10–17 Uhr | 12,50 Euro, Kinder Jahre 4–11 Jahre 6,50 Euro |*

Bronnegerstraat 12 | hunebedcentrum. eu) mit dem größten Hünengrab der Region sowie Museum und Informationen über die Bestattungskultur unserer eiszeitlichen Vorfahren und die anderen Hünengräber der Region. Die großen „Hinkelsteine", die für die Grabmale verwendet wurden, kamen mit der Eiszeit aus Skandinavien. Das Zentrum ist auch ein guter Ausgangspunkt für eine Hünengräbertour per Rad.

Ein Erlebniszoo mit drei verschiedenen Habitaten – „Jungola", „Serenga" und „Nortica" – ist der 🐾 *Wildlands Adventure Zoo (tgl. 10–17, im Sommer bis 18 bzw. 20 Uhr | 27,50 Euro, Kinder 3–9 Jahre 23 Euro | Raadhuisplein 99 | wildlands.nl).* Es gibt viele Angebote für Entdeckungstouren und ein gigantisches Spielterrain. ▥ *H7*

Kamp Westerbork erinnert an die von Deutschen deportierten und ermordeten Juden

DER OSTEN

WASSERSPORT, VIEL NATUR UND HANSESTÄDTE

Entlang der IJssel, des Flusses, der dem IJsselmeer den Namen gibt, reiht sich eine Kette von alten Hansestädten – Zutphen, Deventer, Zwolle, Kampen – mit größtenteils intakten Stadtkernen, die heute ihren Einfluss an die Küste abgegeben haben. Die Nachbarprovinzen der Randstad, Overijssel und Gelderland, sind ländlich geprägt und das Leben geht hier einen geruhsameren Gang. Natur findet man hier reichlich; der Nationalpark De Hoge Veluwe ist in dieser Hinsicht ein Höhepunkt.

Wo einst die Zuiderzee schwappte, grasen heute Pferde: Natuurpark Lelystad

Die Provinzen erstreckten sich einst von der deutschen Grenze bis zum IJsselmeer. Doch dann begann man 1942 mit der Trockenlegung des südlichen Teils dieses Binnenmeers, sodass jetzt Flevoland dazwischen liegt, eine komplett menschengemachte, dem Wasser abgerungene Provinz. Das Wasser wurde zwar eingedämmt, aber es ist noch genug da, um jede Menge Wassersport zu treiben. Auf den Seen, Flüssen und Kanälen kann man segeln, rudern, Kanu fahren und vieles mehr.

DER OSTEN

1 Urk ★

5 Lelystad

6 Natuurpark Lelystad

Oostvaardersplassen **6**

Almere **7**

70 km, 1 Std.

100 km, 1¼ Std.

Amersfoort
S. 98

8 Doorn
8 Huis Doorn

85 km, 1 Std.

10

Nationalpark De Hoge Veluwe ★
Kröller-Müller-Museum ★

Ede

Airborne Museum
Oosterbeek

9

Arnhem
S. 101

Nijmegen
S. 104

Emmeloord

Kampen

Dronten

Elburg

Nunspeet

Zeewolde
Harderwijk
Ermelo

Bussum
Huizen
Laren
Bunschoten-
Spakenburg
Nijkerk
Putten

Hilversum
Baarn
Hoevelaken
Voorthuizen

Leusden
Barneveld

De Bilt

Utrecht
Driebergen-
Rijsenburg

Houten
Bennekom

Vianen
Wijk bij Duurstede
Rhenen
Wageningen

Culemborg

Beuningen

Leerdam
Gelbermalsen
Tiel
Druten

*M a r k e r -
m e e r*

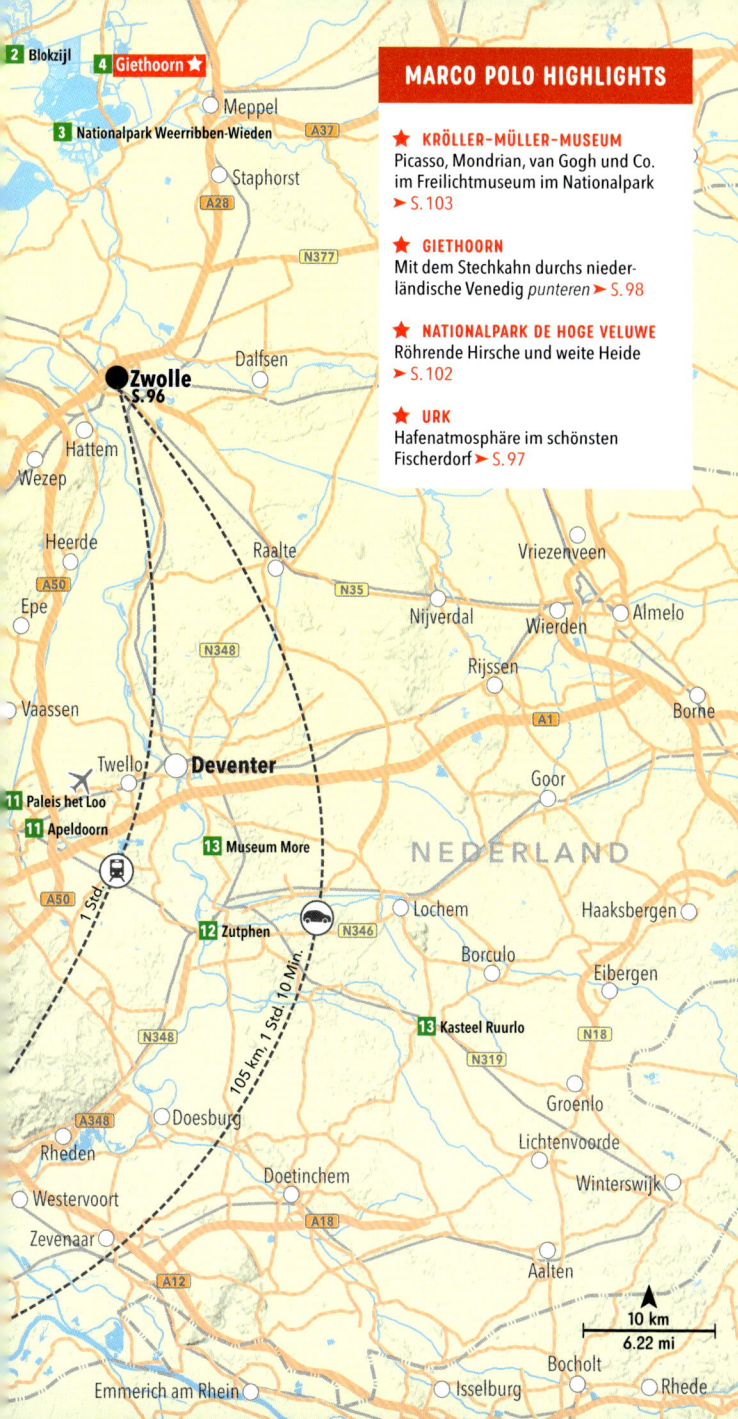

Zwolle
S. 96

MARCO POLO HIGHLIGHTS

★ **KRÖLLER-MÜLLER-MUSEUM**
Picasso, Mondrian, van Gogh und Co.
im Freilichtmuseum im Nationalpark
➤ S. 103

★ **GIETHOORN**
Mit dem Stechkahn durchs niederländische Venedig *punteren* ➤ S. 98

★ **NATIONALPARK DE HOGE VELUWE**
Röhrende Hirsche und weite Heide
➤ S. 102

★ **URK**
Hafenatmosphäre im schönsten
Fischerdorf ➤ S. 97

2 Blokzijl
4 Giethoorn ★
Meppel
3 Nationalpark Weerribben-Wieden
A37
Staphorst
A28
N377
Dalfsen
Zwolle
Hattem
Wezep
Heerde
Raalte
Vriezenveen
A50
N35
Epe
Nijverdal
Wierden
Almelo
N348
Rijssen
Borne
Vaassen
A1
Twello
Deventer
Goor
11 Paleis het Loo
11 Apeldoorn
13 Museum More
NEDERLAND
Lochem
Haaksbergen
A50
1 Std.
12 Zutphen
N346
Borculo
Eibergen
105 km, 1 Std. 10 Min.
13 Kasteel Ruurlo
N18
N348
N319
Groenlo
Doesburg
Lichtenvoorde
A348
Winterswijk
Rheden
Doetinchem
Westervoort
Zevenaar
A18
Aalten
A12
10 km
6.22 mi
Bocholt
Emmerich am Rhein
Isselburg
Rhede

ZWOLLE

(🗺 F8) **Die ehemalige Hansestadt (125 000 Ew.) mit Stadtpalästen, Parkanlagen und Grachten hat sich in den letzten Jahren mit ziemlich witzigen Gebäuden ein modernes Outfit verpasst.**

Beispiele dafür sind das *Museum De Fundatie (Bijmarkt 20)* mit silberglänzender Haube auf einem neoklassizistischen Palast, das „gläserne" Theater *De Spiegel (Spinhuisplein 14),* das futuristisch anmutende, schwungvolle *Historisch Centrum Overijssel (Van Wevelinkhovenstraat 1)* oder das bunte *Cultuurhuis Stadshagen (Werkerlaan 1)* im Hafen. Aber auch ein Spaziergang durch das historische Zentrum der Hauptstadt der Provinz Overijssel, in dem viele alte Speicher- und Kaufmannshäuer an die gloriose Hansezeit erinnern, lohnt sich.

SIGHTSEEING

SASSENPOORT

Das wuchtige, fünftürmige Sachsentor von 1408 ist das historische Wahrzeichen der Stadt. Es ist der einzige der ursprünglich sechs Türme der alten Befestigungsanlage, der noch intakt geblieben ist, und steht heute unter Unescoschutz. *sassenpoortzwolle.nl*

PEPERBUSTOREN

Schon von Weitem fällt der markante Turm der *Onze Lieve Vrouwekerk* auf. Der 75 m hohe, spätgotische Bau heißt im Volksmund *peperbustoren* („Pfefferstreuerturm"). Tatsächlich sieht die erst im 19. Jh. angebaute Spitze etwas seltsam aus. Von oben hat man

Von Almere bis Zutphen, von Arnhem bis Zwolle: ein perfektes Terrain für Radtouren

eine schöne Aussicht über das historische Herz der Stadt, den sternförmig angelegten Stadtgraben und die zum Teil in die Stadtmauern eingebauten alten Häuser. *April–Okt. Di–Sa 11–16.30, Juli/Aug. auch Mo 13.30–16.30, Nov.–März Mo–Fr 13.30–15.30, Sa 13–16 Uhr | 3 Euro | Ossenmarkt 10 | pe perbus-zwolle.nl*

WAANDERS IN DE BROEREN

In der alten Broerekerk sind heute die Touristeninfo, ein Café, ein Geschenkeladen und dieser konkurrenzlos schönste Buchladen der Niederlande untergebracht. *Mo 12–18, Di–Sa 10–18 (Do bis 21) Uhr | Achter de Broeren 1 | waandersindebroeren.nl*

ESSEN & TRINKEN

DE LIBRIJE

In einem Kloster aus dem 16. Jh. kocht Jonnie Boer in seinem französischen Spitzenrestaurant (drei Michelinsterne!) mit lokalen Produkten. *So/Mo und außer Fr/Sa mittags geschl. | Spinhuisplein 1 | Tel. 038 4 21 20 83 | librije.com. | €€€*

RUND UM ZWOLLE

1 URK ⭐

45 km nordwestlich von Zwolle/40 Min. über die N 50 und N 352

Das wohl schönste Fischerdörfchen in den Niederlanden war bis zur Trockenlegung des Noordoostpolders eine Insel in der Zuiderzee. Die Urker Fischertradition musste viele Tiefschläge einstecken: Als die Fischgründe im IJsselmeer nicht mehr ausreichten, verlegte man sich auf den Fischfang in der Nordsee, bis die Fangquoten viele Fischer kalt erwischten und sie ihre Netze an den Haken hängen ließen. Die Inselmentalität hält sich bis heute, man spricht einen eigenen Dialekt, trägt ab und zu Tracht und ist orthodox protestantisch. Im malerischen Hafen liegen die Fischkutter und IJsselmeersegler. Es gibt ein paar sehr gute Fischrestaurants, z. B. *De Zeebodem (So/Mo geschl. | Wijk 1–67 | Tel. 0527 68 32 92 | dezeebodem.nl | €€).* 🗺 *E7*

2 BLOKZIJL

35 km nördlich von Zwolle/35 Min. über die N 331

Der ehemalige Zuiderzeehafen hat viel von seinen alten Reichtümern bewahrt. Besonders schön sind die sorgfältig renovierten Kaufmannshäuser rund um den Hafen, in dem im Sommer zahlreiche moderne Yachten vertäut liegen. Bei der Schleuse serviert das viel gerühmte Restaurant *Kaatje bij de Sluis (So/Mo und Sa-Mittag geschl. | Brouwersstraat 20 | Tel. 0527 29 18 33 | kaatje.nl | €€€)* Haute Cuisine mit Produkten aus Overijssel. 🗺 *F7*

3 NATIONALPARK WEERRIBBEN-WIEDEN

50 km nördlich von Zwolle/50 Min. über die N 331

Wasser und Schilf prägen den Nationalpark im Nordwesten der Provinz Overijssel. De Weerribben, ein durch den Torfabbau entstandenes Sumpfgebiet, ist ein Biotop für Otter, Biber und Purpurreiher.

INSIDER-TIPP
Im „Flüsterboot" durchs Biotop

Am schönsten zu entdecken ist es mit dem Kanu oder einem elektrischen Boot, dem „Flüsterboot", aber selbstverständlich auch auf vielen Wander- und Radwegen. Ehemalige Torfstecherhäuschen laden zum Übernachten. Infos gibts im Besucherzentrum *Buitencentrum Weerribben (Hoogeweg 27 | short.travel/ nie15)* in Ossenzijl. *E F7*

🔟 GIETHOORN ⭐

33 km nördlich von Zwolle/35 Min. über die N 331 und N 334

In chinesischen Reiseführern wird Giethoorn als „Stadt ohne Straßen" angekündigt: In dem von Seen und Kanälen durchzogenen Moorgebiet ist das beliebteste Transportmittel das Boot, genauer gesagt: der Stechkahn. Überall in Giethoorn kannst du diese Boote mieten und die spezielle Technik des *punteren* lernen: Mit einem langen Stab „sticht" man das Schiff Meter um Meter vorwärts.

INSIDER-TIPP
Den Massen ein Schnippchen schlagen

Giethoorn steht längst in allen Reiseführern, das Nachbarörtchen *Dwarsgracht* noch nicht – da freuen sich alle noch auf deinen Besuch! *E F7*

AMERSFOORT

(E9) **Die Hansestadt an der Eem (154 000 Ew.) wächst so schnell** **wie kaum eine andere in den Niederlanden.**

Innen reinstes Mittelalter mit alter Stadtmauer und Grachten (350 denkmalgeschützte Häuser!), entdeckt man jenseits der Innenstadt moderne Stadtviertel mit städtebaulich interessanten Projekten wie dem Kattenbroek-Viertel, in dem der indisch-niederländische Architekt Ashok Bhalotra seinen farbigen Ideen freien Lauf ließ, oder dem Oliemolenkwartier. Die Geburtsstadt von Piet Mondrian wird zunehmend von Randstadbewohnern als Wohnort entdeckt. Vom Wasser aus ist Amersfoort cool und romantisch zugleich.

SIGHTSEEING

MONDRIAANHUIS

Piet Mondrian (eigentlich: Pieter Cornelis Mondriaan) ist viel mehr als Vierecke in Grundfarben. Warum er sich der abstrakten Malerei zuwandte und dass er in seinen Anfängen auch zauberhaft klassisch malte, kann man sich hier in seinem Geburtshaus erzählen lassen. *Di–So, während der Schulferien tgl. 11–17 Uhr | 12,50 Euro | Kortegracht 11 | mondriaanhuis.nl*

ONZE LIEVE VROUWETOREN

Die Kirche dazu steht nicht mehr, aber der fast 100 m hohe Turm, der bei den Einheimischen *Lange Jan* heißt, hält sich wacker. *Mo 11–17.30, Di–Fr 10–17.30, Sa 10–16 Uhr | 5 Euro | onzelievevrouwetoren.nl*

KOPPELPOORT

Das geradezu märchenhafte Tor aus dem Jahr 1400 ist Teil der alten Stadtmauer und gewährt einen Blick über den alten Stadtkern. Nur mit Führung zu besichtigen: *gildeamersfoort.nl*

ESSEN & TRINKEN

CORAZON COFFEE
Kaffebar mit viel Kuchen, Butterbroten und einfachen Mittagsmahlzeiten. Sehr gemütlich! *Tgl. 10–18 Uhr | Krommestraat 18 | coffeecorazon.nl*

ZANDFOORT AAN DE EEM
Mitten im kreativen Viertel von Amersfoort ein Stadtstrand mit alternativer Atmosphäre, Café und einfachem Restaurant. *Di–So ab 11 Uhr | Eemlaan 100 | Tel. 033 4 48 19 51 | zandfoort.nl | €–€€*

RUND UM AMERSFOORT

Sint Joriskerk an Amersfoorts Marktplatz: lebendiges Mittelalter in moderner Stadt

5 LELYSTAD
57 km nördlich von Amersfoort/ 50 Min. über die A 28 und N 302

In einem Land voller mittelalterlicher Orte ist eine Stadt, die knapp 50 Jahre alt ist, eine kleine Sensation. Die Hauptstadt der Provinz Flevoland (77 000 Ew.) trägt ihren Namen zu Ehren von Cornelis Lely, dem Erbauer des Abschlussdeichs und Trockenleger der Zuiderzee. In den 1960er-Jahren praktisch auf dem Reißbrett entstanden und mit Enkhuizen in Noord-Holland über einen knapp 30 km langen Damm verbunden, ist die Stadt wegen ihrer Nähe zum IJsselmeer vor allem bei Seglern und Surfern beliebt.

Im ☎ *Batavialand (Mo–Sa 10–17, So 11–17 Uhr | 15 Euro, Kinder 4–12 Jahre 8 Euro | Oostvaardersdijk | batavialand. nl)* liegt die Rekonstruktion des alten Ostindienfahrers „Batavia". Diese Dreimastschoner der Ostindischen Handelskompanie VOC segelten mit Waffen, Backsteinen und Edelmetall in die Handelsposten im heutigen Indonesien und kehrten mit chinesischem Porzellan, Gewürzen und Stoffen zurück. Hier ist auch das *Nederlands Instituut voor Scheeps- en Onderwater-Archeologie* eingerichtet, das Wracks und andere nautische Sehenswürdigkeiten zeigt, die beim Einpoldern der Zuiderzee entdeckt wurden.

Um die Natur im Markermeer wieder-zubeleben, wurden die *Marker Wadden* aufgeschüttet, Inseln, die die Verschlammung aufhalten und dafür sorgen sollen, dass sich mehr Vögel und Pflanzen in diesem südlichsten Teil des IJsselmeers ansiedeln. Mit Vogelbeobachtungsposten, Wanderwegen und Stränden sind sie ideal für einen Tag mitten in der Natur. Du erreichst sie per Boot ab Lelystad. ▭ *E8*

6 NATUURPARK LELYSTAD UND OOSTVAARDERSPLASSEN 🐷🐦

50 km bis zum Natuurpark Lelystad nördlich von Amersfoort/40 Min. über die A 28 und N 302
Auf dem Flevopolder, der trockengelegte Zuiderzee, hat man verschiede-

Am Giraffengehege in Burgers' Zoo ist Hälserecken angesagt – beidseits des Zauns!

ne Naturgebiete angelegt, die du alle per Rad oder zu Fuß besuchen kannst. Der frei zugängliche *Natuurpark Lelystad (Vlotgrasweg 11 | flevolandschap. nl)* leben Störche, Elche, Hirsche, Biber und viele andere Tiere. *Oostvaardersplassen,* 60 km² freies Land zwischen Lelystad und Almere, ist ein umstrittenes Naturprojekt. Hier überlässt man die Natur sich selbst, was vor allem vom Zug aus grandiose Aussichten auf galoppierende Wildpferdherden und weite Graslandschaften beschert, aber auch bedeutet, dass nicht eingegriffen wird, wenn es zu wenig Futter für zu viele Tiere gibt. Im Winter und Frühjahr kommt es immer wieder zu Protesten von Tierschützern und Diskussionen darüber, was ein natürliches Gleichgewicht ist. Zugänglich sind nur Teilgebiete. Das Besucherzentrum *Buitencentrum Oostvaardersplassen (April–Juni und Sept./Okt. Di–So, Juli/Aug. tgl. 10–17, Nov.–März Di–So 10–16 Uhr | Eintritt frei | Kitsweg 1 | short.travel/nie13)* organisiert Exkursionen, zeigt Filme und verkauft Geweihe. ▭ *E8*

7 ALMERE

40 km nördlich von Amersfoort/ 40 Min. über die A 1 und A 27
Der im 20. Jh. aus dem IJsselmeer entstandene Ort (202 000 Ew.) besteht aus sechs weit auseinander, teils am Wasser liegenden Stadtteilen. Almere ist eine aus dem Boden gestampfte 0Schlafstadt, allerdings mit vielen Parks und tollen Aussichten aufs Wasser und allem Komfort der Moderne. Wer sich für Städtebau interessiert, sollte sich in Almere umtun,

INSIDER-TIPP
Städtebau des
21. Jhs.

die Stadt ist berühmt für ihre hochmoderne, unkonventionelle Architektur. Ins Auge fällt etwa der 120 m hohe, zu einem Geschäftszentrum gehörende *Carlton-Turm* oder die preisgekrönte *Citadel* im Almere Stad genannten Zentrum: Auf dem grünen Dach des riesigen viereckigen Blocks, der als Shoppingmall und Parkgarage dient, befinden sich Restaurants und Wohnungen. Zu den Architekturprojekten gehört auch ein Viertel mit Tiny Houses *(Termine für Führungen: kaf.nl)*. Sieht so das Wohnen der Zukunft aus? Im ⚙ Open-Air-Hospiz der Stiftung *Aap (tgl. 9.30–16 Uhr | Eintritt frei | aap.nl)* sollen Affen aus dem Zirkus oder dem Versuchslabor zur Ruhe kommen. ⟐ *D8*

🎟 DOORN UND HUIS DOORN

15 km südlich von Amersfoort/20 Min. über die N 227

Preußenkenner, aufgepasst: Das Städtchen verdankt seine Bekanntheit dem deutschen Kaiser Wilhelm II., der, nachdem er den Ersten Weltkrieg verloren hatte, seine Sachen packte und sie in das kleine Schlösschen *Huis Doorn (Di–So 13–17, Park tgl. 7–19 Uhr | 12 Euro | Langbroekerweg 10 | huisdoorn.nl)* schaffte. Der Kaiser blieb bis zu seinem Tod hier im Exil und soll vor allem viel Genugtuung im Holzhacken gefunden haben. Beim Besuch siehst du den eindrucksvollen Exilhaushalt mit Prunk aus den Schlössern in Berlin und Potsdam und des Kaisers Bibliothek. Im Haus ist außerdem ein Dokumentationszentrum über den Ersten Weltkrieg eingerichtet. ⟐ *E10*

ARNHEM

(⟐ F10) **Im September 1944 kämpften britische Fallschirmjäger in der Provinzhauptstadt von Gelderland (160 000 Ew.) in der Schlacht um Arnhem mit der deutschen Wehrmacht um die strategisch wichtige Rheinbrücke.**

Bei diesen und späteren Kämpfen wurde der mittelalterliche Stadtkern fast völlig zerstört. Heute machen die vielen Parks und Alleen Arnhem zu einer grünen Stadt. Zudem profiliert Arnhem sich mit einer Modebiennale als Modestadt, viele junge Designer haben im Viertel Klarendal ihre Basis *(Trix en Rees | Kerkstraat 23; Ami-e-toi | Weverstraat 23; Bedtime for Bonzo | Klarendalseweg 183; BI-IJ | Rosendaalsestraat 345)*. Viele Geschäfte öffnen nur auf Anmeldung, eine Übersicht gibts auf *modekwartier.nl*.

SIGHTSEEING

NEDERLANDS WATERMUSEUM 👶

Was du alles noch nicht über Wasser wusstest: Das kleine Museum informiert interaktiv über das Wasser, von Wasserknappheit über Wasserverschmutzung bis zum Wasser im menschlichen Körper und vieles mehr. *Di–So, in den Schulferien tgl. 11–17 Uhr | 10,50 Euro, Kinder 4–12 Jahre 7,50 Euro | Zijpendaalseweg 26–28 | watermuseum.nl*

BURGERS' ZOO 👶

Der über 100 Jahre alte Zoo ist eine niederländische Institution. Der Park

Charmantes Metropölchen des Achterhoek: Zutphen

hat verschiedene Ökosysteme angelegt, damit Besucher nicht nur die Tiere angucken, sondern auch deren Heimat erleben können. *Tgl. 9–17, April–Okt. bis 18 Uhr | Antoon van Hoofplein 1 | 22,50 Euro, Kinder 4–9 Jahre 19,50 Euro | burgerszoo.nl*

NEDERLANDS OPENLUCHT MUSEUM

Zu Fuß oder in einer alten Straßenbahn passiert man in diesem großen Freilichtmuseum alte Bauernhöfe, Herrenhäuser und Werkstätten und gewinnt so Einblicke in das niederländische Alltagsleben vergangener Zeiten. *April–Okt. tgl. 10–17 Uhr, Nov.–März*

wechselnde Zeiten s. Website | 19,50 Euro, Kinder 4–12 Jahre 16,50 Euro | Schelmseweg 89 | openluchtmuseum. nl | ⏱ 4 Std.*

VERHEYDEN

Café und Restaurant in einem alten Speicherhaus; rustikale Atmosphäre, gemischt mit Jugendstilelementen und dazu ein Garten mitten im hektischen Stadtzentrum. *So geschl. | Wezenstraat 6 | Tel. 026 4 43 70 35 | cafeverheyden.nl | €€*

RUND UM ARNHEM

9 AIRBORNE MUSEUM OOSTERBEEK

5 km westlich von Arnhem/10 Min. über die N 225

Fotos, Filmfragmente, Uniformen und Waffen erinnern an die Schlacht von Arnhem im September 1944. Du kannst die Schlacht aus der Perspektive eines englischen Fallschirmjägers nacherleben. *Tgl. 10–17 Uhr | 11 Euro | Utrechtseweg 232 | airbornemuseum. com | 🗺 F10*

10 NATIONALPARK DE HOGE VELUWE ⭐

25 km bis zum Kröller-Müller-Museum nördlich von Arnhem/30 Min. über Otterlo

Mit einer Fläche von 55 km² ist dieser Nationalpark das größte Naturschutzgebiet und zugleich auch das größte Waldgebiet des Landes mit 42 km langen Radwegen durch Moore, Dünen, Wälder und Heidelandschaften. Du entdeckst es am besten auf einem der 1800 weißen Räder (auch Kinderräder und Räder mit Kindersitzen), die du an den Eingängen oder bei einer der vier Sammelstellen gratis ausleihen kannst. Außerdem gibt es zahlreiche Wander- und Reitwege und mit etwas Glück sieht man Füchse, Wiesel, Hirsche oder Wildschweine. *Nov.– März tgl. 9–18, April 8–20, Mai und Aug. 8–21, Juni/Juli 8–22, Sept. 9–20, Okt. 9–19 Uhr | 9,95 Euro, Kinder 6–12 Jahre 5 Euro/ | Zugängen in Schaarsbergen, Otterlo und Hoenderloo | hogeveluwe.nl*

Im Park liegt das ⭐ *Kröller-Müller-Museum (Di–So 10–17 Uhr | 19,90 Euro inkl. Parkeintritt | krollermuller.nl | ⏱ 3 Std.):* Im ehemaligen Jagdschloss des Rotterdamer Kaufmanns Anthony Kröller findest du eine großartige Kollektion bildender Kunst aus dem 19. und 20. Jh. von van Gogh bis Braque und von Picasso bis Mondrian. Das Museum umgibt ein riesiger Skulpturenpark mit Plastiken u. a. von Henry Moore und Paul Rodin. *INSIDER-TIPP* **Wilde Kerle in Bronze** Verpass auf keinen Fall die skurrilen Skulpturen von Jan Fabre im Garten! 📖 *F9*

11 APELDOORN UND PALEIS HET LOO

35 km nördlich von Arnhem/30 Min. über die A 50

Heute ist Apeldoorn eine beschauliche Villenstadt mit 157 000 Ew. und vielen Gärten und Parks. Das alte Heidedorf am östlichen Rand der Veluwe küsste Wilhelm III. von Oranien wach, als er in seinem Jagdrevier 1692 das Lustschloss *Paleis Het Loo (Di–So 10– 17 Uhr, wegen Renovierung bis 2021 nur Ställe, Gärten und Restaurants zugänglich | 7,50 Euro | Koninklijk Park 1, Eingang Amersfoortseweg | paleishetloo.nl)* bauen ließ. Es liegt mitten in einem weitläufigen, von hohen Bäumen umgebenen Park mit historischen holländischen Barockgärten. Bis 1975 Sommerresidenz der königlichen Familie, kann man hier heute 300 Jahre Oraniergeschichte bewundern: Gemälde, Silber, königliche Gewänder und in den Stallungen königliche Kutschen, Schlitten und Hofwagen – und *INSIDER-TIPP* **Bei Königs zu Hause** Hardcore-Royalisten freuen sich über wechselnde Ausstellungen über die Oranier. 📖 *F9*

12 ZUTPHEN

40 km nordöstlich von Arnhem/ 40 Min. über die A 348 und N 348

Die kleine Festungs- und ehemalige Hansestadt (47 000 Ew.) ist die größte Stadt des landschaftlich besonders schönen Achterhoek und ein beliebtes Ausflugsziel für Radler. Ein beachtlicher Teil der alten Stadtmauern und -tore ist bis heute erhalten, darunter der *Berkelpoort,* ein Wassertor von 1312. Im Zentrum stehen zahlreiche denkmalgeschützte Patrizierhäuser. In der *St. Walburgskerk* kannst du einen im-Namen-der-Rose-artigen Lesesaal *(librije)* aus dem 16. Jh. mit 400 angeketteten alten, zum Teil von Hand geschriebenen Büchern bestaunen und im historischen *Haus De Wildeman* eine Geheimkapelle von 1628. Außerdem zeigen hier das *Stedelijk Museum* und das *Museum Henriette Polak (beide Di–So 11–17 Uhr | Kombiticket 13 Euro | 's Gravenhof 4 | museazutphen. nl)* wechselnde Ausstellungen und moderne niederländische Kunst. 🗺 *F9*

🔟 MUSEEN MORE IN GORSSEL UND KASTEEL RUURLO

45 km bis Gorssel nordöstlich von Arnhem/40 Min. über die A 50 und A 1
Das kleine Örtchen Gorssel liegt mitten in den Wäldern von Gelderland. Ein Chemiemillionär baute für seine Kunstsammlung 2015 ein modernes Museum mit Metropolenanspruch mitten zwischen die Dorfhäuser. Das *Museum More (Di–So 10–17 Uhr | 18,50 Euro | Hoofdstraat 28 | museummore.nl | ⏱ 1½ Std.)* zeigt niederländische Moderne und kuratiert niveauvolle Sonderausstellungen.
Der zweite Standort im 30 km entfernten *Kasteel Ruurlo (Di–So 11–17 Uhr | Vordenseweg 2 | 12,50 Euro, Kombiticket mit Gorssel 26 Euro | museummore-kasteelruurlo.nl)* widmet sich dem Künstler Carel Willink. Selbst wer kein Freund des Neorealismus ist: Allein Schloss und Park sind sehenswert. 🗺 *F–G9*

NIJMEGEN

(🗺 F10) **Die älteste Stadt der Niederlande (173 000 Ew.) ist stolz auf ihre römischen Wurzeln und ihre** **katholische Universität. Die Studenten prägen die Stadt, die Hausbesetzerszene hatte hier früher ihre Hochburg.**
Wegen seiner günstigen Lage an der Waal (dem aus Deutschland kommenden Rhein) und der Maas war Nijmegen (deutsch: Nimwegen) schon im Mittelalter ein wichtiges Handelszentrum im fränkischen Reich. Der Klimawandel schlägt hier häufig hart in Form von Hochwasser zu. Um die Stadt zu schützen, räumte man ein ganzes Stadtviertel und erklärte es zum Überflutungsgebiet *(short.travel/nie14)*. Wenn der Rhein und die Maas mal wieder überschwappen, füllt sich nun die Aue und die Stadt bleibt verschont.

SIGHTSEEING

KRONENBURGERPARK

Die Einheimischen lieben diese wunderbare hügelige Grünfläche, die im 19. Jh. im romantischen englischen Landschaftsstil mit Teich und Wasserfall angelegt wurde. Der Park wird von Hirschen, Ziegen, Hühnern und Pfauen bevölkert.

HET VALKHOF

Das futuristisch anmutende Kunst- und Archäologiemuseum am Rand des gleichnamigen Parks zeigt viele Gegenstände aus der Kelten- und Römerzeit, die rund um die Stadt ausgegraben worden sind; außerdem regionale Kunst und antike Wandteppiche. *Di–So 11–17 Uhr | 12,50 Euro | Kelfkensbos 59 | museumhetvalkhof.nl | ⏱ 2½ Std.*

Vom Laufrad bis zur Rennmaschine: Im Velorama wird das Fahrrad zum Kulturgut

NATIONAAL FIETSMUSEUM VELORAMA

Natürlich ist dem Fahrrad in den Niederlanden ein Museum gewidmet. Gezeigt werden 250 historische Zwei- und Dreiräder sowie ein paar Oldtimer. *Mo–Sa 10–17, So 11–17 Uhr | 6 Euro, Kinder bis 13 Jahre 4 Euro | Waalkade 107 | velorama.nl*

ESSEN & TRINKEN

Das alte Zentrum ist voller Studentenkneipen und kleiner Restaurants. Die *Molenstraat* und *Stikke Hezelstraat* sind gute Ausgangspunkte. An der *Waalkade* am Flussufer gibt es zahlreiche Straßencafés und Bistros.

HONIGCOMPLEX

In einer ehemaligen Stärkefabrik ist eine lebendige Gemeinschaft von kleinen Firmen, Restaurants, Bars, Bühnen und Cafés entstanden. Industrieller Charme und junger Unternehmergeist. *Waalbaandijk 8–22 | honig complex.nl*

IVORY

Die schlichte Einrichtung lässt nicht vermuten, dass sich hier alles um Fine Dining dreht, professionell und hingebungsvoll zubereitet. Überraschungsmenüs mit bis zu sechs Gängen, gute Weinkarte. *Mittags geschl. | Wintersoord 2 | Tel. 024 3603003 | restaurantivory.nl | €€–€€€*

WELLNESS

SANADOME

Das gesunde, eisen- und jodhaltige Süß- und Salzwasser kommt aus einer 700 m tiefen Quelle. *Tgl. 9–23.30 Uhr | Tageskarte 35,50 Euro | Weg door Jonkerbos 90 | sanadome.nl*

DER SÜDEN

SANFTE HÜGEL, GENIESSERISCHE LEBENSLUST

Niederländer aus dem Süden werden im Norden schnell an ihrem Akzent erkannt. Der krachende Rachenlaut des niederländischen „G" wird südlich der Waal zu einem sanften Zischen. Auch die Mentalität der Menschen ist ganz anders als im Norden. Limburgern und Brabantern sagt man ausgesprochene Lebenslust und ein Talent zum Genießen nach. Im katholischen Süden feiert man fleißig Karneval und geht gerne gut und ausführlich essen – vielleicht ist das den Römern zu verdanken, die einst ihre Handels-

Die Kapitale der (Lebens-)Genießer im südlichsten Zipfel des Landes: Maastricht

niederlassungen an der Maas errichteten. Später waren die Limburger mal französisch, mal belgisch und mal deutsch und haben all diese Einflüsse in ihrer Küche verarbeitet. Man trinkt gern heimisches Bier, limburgische Spargel sind berühmt und wenn ein Limburger in den Norden auf Besuch fährt, bringt er einen *vlaai* mit, einen Obstkuchen mit Puddingfüllung. Selbst die oft leicht hügelige Landschaft ist hier eine Spur romantischer als im meist topfebenen Norden.

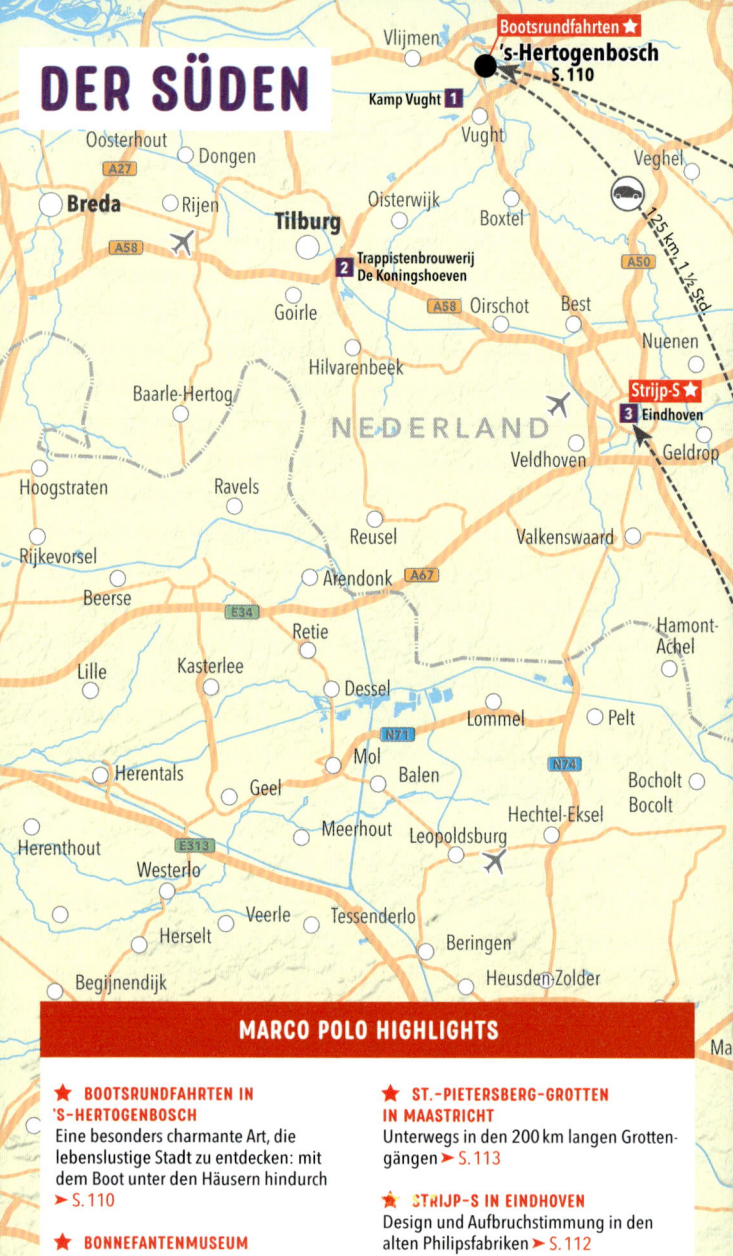

DER SÜDEN

Bootsrundfahrten ★
's-Hertogenbosch
S. 110

Vlijmen

Kamp Vught **1**

Vught

Oosterhout

Dongen

Veghel

A27

🚗 125 km · 1½ Std.

Breda

Rijen

Oisterwijk

A58

Boxtel

A50

Tilburg

Trappistenbrouwerij **2**
De Koningshoeven

Goirle

A58 Oirschot

Best

Nuenen

Hilvarenbeek

Strijp-S ★
3 Eindhoven

Baarle-Hertog

NEDERLAND

Geldrop

Veldhoven

Hoogstraten

Ravels

Rijkevorsel

Reusel

Valkenswaard

Beerse

Arendonk

A67

E34

Retie

Hamont-
Achel

Lille

Kasterlee

Dessel

Lommel

Pelt

Herentals

Geel

Mol

N71

Balen

N74

Bocholt
Bocolt

Meerhout

Hechtel-Eksel

Herenthout

E313

Leopoldsburg

Westerlo

Veerle

Tessenderlo

Herselt

Beringen

Begijnendijk

Heusden-Zolder

Ma

MARCO POLO HIGHLIGHTS

★ **BOOTSRUNDFAHRTEN IN
'S-HERTOGENBOSCH**
Eine besonders charmante Art, die
lebenslustige Stadt zu entdecken: mit
dem Boot unter den Häusern hindurch
➤ S. 110

★ **BONNEFANTENMUSEUM
IN MAASTRICHT**
Von außen so sehenswert wie von
innen: moderne Kunst und alte Gemälde
➤ S. 113

★ **ST.-PIETERSBERG-GROTTEN
IN MAASTRICHT**
Unterwegs in den 200 km langen Grotten-
gängen ➤ S. 113

★ **STRIJP-S IN EINDHOVEN**
Design und Aufbruchstimmung in den
alten Philipsfabriken ➤ S. 112

★ **VAALSERBERG**
In der hügeligen Landschaft Limburgs ragt
der „höchste" Berg des Landes auf ➤ S. 115

BELGIË / BELGIQUE / BELGIEN

Jodoigne

’S-HERTO-GENBOSCH

(□ E11) **’s-Hertogenbosch bedeutet wörtlich „in den Wäldern des Herzogs", doch wird der lange Name meist auf Den Bosch verkürzt.**

Die Hauptstadt der Provinz Noord-Brabant ist das historische und kulturelle Zentrum dieses Landstrichs. Hieronymus Bosch wurde hier geboren, malte als Renaissancekünstler die apokalyptischen Seiten des Mittelalters und fand seine Motive in ’s-Hertogenbosch, das damals schon Zentrum des Woll- und Tuchhandels war. Einiges ist aus jener Zeit erhalten, auch sein Geburtshaus am Markt. Das ausgesprochen katholisch geprägte Den Bosch (150 000 Ew.) hat den Ruf, die *gezelligste* Stadt der Niederlande zu sein.

SIGHTSEEING

BOOTSRUNDFAHRTEN ★ 👥

Rundfahrten zu Wasser sind natürlich immer nett, aber hier gibt es noch eine Steigerung, weil man auf der *Binnendieze* teilweise unmittelbar unter den Gebäuden hindurchfährt. Machen! *April–Okt. | 10 Euro, Kinder 4–12 Jahre 5 Euro | Abfahrt Molenstraat 15a und Voldersgat | dagjedenbosch.com*

NOORDBRABANTS MUSEUM

Im ehemaligen Gouverneurspalast aus dem 18. Jh. eine Kollektion, die Kultur, Geschichte und bildende Kunst aus den südlichen Niederlanden umfasst. *Di–So 11–17 Uhr | 15 Euro | Verwersstraat 41 | hetnoordbrabantsmuseum.nl | ⏱ 2 Std.*

ST. JANSKATHEDRAAL

Die großartige spätgotische Kreuzbasilika mit üppigen Ornamenten steht im Zentrum des Altstadtdreiecks. Anfang des 21. Jhs. setzten Restaurateure ihre Duftmarke: Ein Engel in Jeans hat ein Handy am Ohr und in einem Bleiglasfenster über dem Haupteingang sind die Anschläge vom 11. September 2001 in New York nachgebildet. *Mo-Sa 8–16.30, April–Okt. bis 17, So 9–17 Uhr | Eintritt frei | Choorstraat | sint-jan.nl*

INSIDER-TIPP
Handy zum Himmel?!

ESSEN & TRINKEN

Wer ein Café sucht, geht am besten in die *Putstraat* oder in die *Parade* neben der Kathedrale. Eine lokale Süßigkeit ist der *Bossche bol,* eine Art Riesenwindbeutel mit Schokoglasur.

BRASSERIE IN DEN ZEVENDEN HEMEL

Internationale, klassische Küche mit biologisch-nachhaltig produzierten Lebensmitteln aus der Region. Angenehme Atmosphäre. *Tgl. | Korte Putstraat 13–17 | Tel. 073 6 90 14 51 | in denzevendenhemel.nl | €€*

FABULEUX

Französische Spitzenküche in kunstvoller Umgebung. Die eleganten Gerichte – Paté und Halbgefrorenes von der Gänselber oder Seeteufel mit Safranreis und gelber Paprika – schmecken sagenhaft lecker. *Di-Mittag, Sa-Mittag und So/Mo geschl.* | *Verwersstraat 23* | *Tel. 073 7 41 00 11* | *restaurantfabuleux.nl* | €€€

DE KASERNE
Modernes Restaurant in einer ehemaligen Kaserne, das gekonnt mit militärischen Elementen spielt. Zwei Menüs, eins davon vegetarisch. Alle Achtung! *Tgl.* | *Willemspoort 1* | *Tel. 073 8 90 02 73* | *dekaserne.nl* | €€

RUND UM 'S-HERTO-GENBOSCH

◀1▶ KAMP VUGHT
6 km südlich von Den Bosch/25 Min. mit dem Rad
Während der deutschen Besatzung richtete die SS in Vught ein Durchgangslager ein. Ein Teil wurde wiederaufgebaut. Im Besucherzentrum wird an die Insassen erinnert. *Di-Fr, April–Sept. Mo–Fr 10–17, Sa/So 12–17 Uhr* | *7,50 Euro* | *nmkampvught.nl* | ⏱ *2 Std.* | ▭ *D11*

◀2▶ TRAPPISTENBROUWERIJ DE KONINGSHOEVEN ☂
26 km südwestlich von Den Bosch/30 Min. über die N 65
Die Abtei kann man zum Teil besichtigen und eine Führung durch die Brauerei der Trappistenmönche machen. Im *proeflokaal* gibt es was Leckeres dazu. Einen Teil ihres Erlöses

Achte auf die Details in und an St. Jan!

spenden die Mönche an Klöster in Indonesien und Uganda, die nach demselben Rezept Biobier brauen. *Mo–Sa 11–18, So 12–18 Uhr, mehrmals tgl. geführte Touren* | *12 Euro* | *reservieren unter Tel. 013 5 72 26 50* | *latrappetrappist.com* | ▭ *D11*

◀3▶ EINDHOVEN
20 Min. südlich von Den Bosch mit der Bahn
In Eindhoven (223 000 Ew.) drehte sich früher alles um Philips und Glühbirnen. Der größte Arbeitgeber der Region baute Arbeiterviertel, betrieb Schulen und gründete den Fußballclub PSV. Mittlerweile ist der Firmensitz in Amsterdam und die Fabrikhallen sind geschlossen, aber der Inno-

MAASTRICHT

Capucijnenstraat
Boschstraat
Markt
Kl. Gracht
Grote Gracht
Wilhelminasingel
Turennestr.
Meerssenerweg
Parallelweg
Sint
Stationsstr.
Rechtsstraat
Kommel
St.-Servaas-Kerk
Vrijthof
In den ouden Vogelstruys
S. Servaaskloster
Stokstraat
Maasboulevard
Bourgogne-str.
Akerstraat
Kruisheren-restaurant
Bredestr.
Brasserie La Bonbonnière
H. Barakken
Avenue Ceramique
Sphinxlunet
Au Coin des Bons Enfants
Begijnenstr.
Maasboulevard
Maas
Bellefroidlunet
Heugemerweg
Tongersestraat
V. Heylerhofflaan
Huberstlaan
Bonnefantenmuseum ★
Prins Bisschopsingel
Prins Bisschopsingel
Sint
John F. Kennedybrug
John F. Kennedy-singel
Plenkershoven
Aylvalaan
Blekerij
Limburglaan
Glacisweg
Papenweg
Jekerschans
Luikerweg
Observantenweg
Burgemeester Bergweg
Sint Pieterslusweg
Randwyck-singel
Château Neerkanne
Mosasaurusweg
Lage Kanaaldijk
Hoge Kanaaldijk
Recollectenweg
Burgemeester Ceulenstraat
Lage Weerd
St.-Pietersberg-Grotten ★

250 m
273 yd

vations- und Ingenieursgeist ist geblieben. Regelmäßig spuckt der High Tech Campus Eindhoven interessante Start-ups aus. Die Dutch Design Week und die Design-Hochschule sind weltweit ein Begriff.

Angesagtes Viertel für Design und alles, was neu und aufregend ist, ist ★ *Strijp-S.* Einer der eigensinnigsten Designer der Niederlande, *Piet Hein Eek (Di–Sa 11–23, So 12–23 Uhr | Halvemaanstraat 30 | pietheineek.nl),* hat seine Werkstatt und seinen Showroom mit Restaurant in der alten Philips-Keramikfabrik aufgeschlagen. Ein guter Startpunkt für die Erkundung des Stadtteils ist der *Ketelhuisplein.* 📖 *E11–12*

MAASTRICHT

(🗺 E14) **Maastricht ist der Geburtsort von André Rieu, trotzdem muss man sagen: Maastricht rocks – lebenslustig, mondän, quirlig und auf angenehme Weise sowohl international als auch lokal. Wer sich hier nicht amüsiert, ist selber schuld.**
Am Fuß des St. Pietersberg leben 122 000 überwiegend katholische Limburger. Schon um 50 v. Chr. ließen sich römische Händler an dem Fluss nieder, der der Stadt den Namen gibt. Im Lauf der Jahrhunderte gehörte sie zum Machtbereich der Herzöge von Brabant, der Spanier, der Oranier, der Franzosen und der Belgier.

SIGHTSEEING

VRIJTHOF

Wegen der vielen Platanen und Straßencafés an diesem Platz im Zentrum wähnt man sich in einer französischen Stadt. Rund um den Vrijthof findest du zahlreiche Restaurants. Im Sommer ist er Schauplatz von Festen, Konzerten und dem tollen Food-Festival Preuvenemint. Außerdem steht hier das *Museum aan het Vrijthof (Di–So 10–17.30 Uhr | 10 Euro | Vrijthof 18 | museum aanhetvrijthof.nl),* ein Kapitelhaus aus dem 16. Jh. mit einer Reihe von Gemächern, die wie anno dazumal eingerichtet sind.

ST.-SERVAAS-KERK

Über dem Grab des hl. Servatius entstand im 11. Jh. diese Kirche. Karl der Große legte den Grundstock für den bedeutenden Reliquienschatz, darunter eine Büste des Heiligen mit Lapislazuliaugen. *Mo-Sa 10–17, So 12.30–17 Uhr | 4,50 Euro | Keizer Karelplein 3 | sintservaas.nl*

BONNEFANTENMUSEUM ⭐

Von außen wie ein Silo im Raketendesign, zeigt das Museum von Aldo Rossi innen vor allem viel Mittelalter und flämische Kunst von Bruegel bis Rubens. Daneben gibt es eine interessante Archäologieabteilung, eine große Sammlung Maastrichter Keramik und Silber sowie Wechselausstellungen zu modernen Themen. *Di–So 11–17 Uhr | 12,85 Euro | Avenue Céramique 250 | bonnefanten.nl | ⏱ 3 Std.*

ST.-PIETERSBERG-GROTTEN ⭐

Mergel ist ein wichtiger Baustoff, sein Abbau ließ über Jahrhunderte die Grotten entstehen. Das Labyrinth mit mehr als 20 000 Gängen diente während der vielen Belagerungen von Maastricht als Schutzraum. Sie sind nur im Rahmen einer Führung zu besichtigen. *Stark gestaffelte Zeiten, im Winter nur Sa/So, im Sommer tgl. | 7,20 Euro | Eingang Nordgrotten Luikerweg 71, Zonneberg-Grotten Buitengoed Slavante, Slavante 1 | maastricht underground.nl | ⏱ 3 Std.*

ESSEN & TRINKEN

IN DEN OUDEN VOGELSTRUYS

Eine der schönsten Kneipen der Stadt und eine Art Wohnzimmer der Maastrichter. Unter den Porträts alter Stammkunden trinken morgens vor allem die älteren Einheimischen ein Gläschen.

Im Sommer sitzt man draußen. *Tgl. ab 9.30 Uhr | Vrijthof 15 | vogelstruys.nl*

BRASSERIE LA BONBONNIÈRE

Französische und flämische Küche in elegantem Theaterambiente, bei gutem Wetter auch auf der Terrasse. *Mo/ Di und abends geschl. | Achter de Comedie 1 | Tel. 043 3 50 09 35 | bonbon niere.nl | €€*

AU COIN DES BONS ENFANTS

Hotelrestaurant im ehemaligen Waisenhaus mitten im angesagten Viertel Jekerkwartier. Gemütlicher Innenhof und raffinierte französische Küche. *So/*

Halleluja statt guten Appetit: das Kruiserenrestaurant in einem ehemaligen Kloster

Mo und mittags geschl. | Ezelmarkt 4 | Tel. 043 3 21 23 59 | €€

KRUISHERENRESTAURANT

So hast du bestimmt noch nie diniert: Das Hotelrestaurant residiert in einem ehemaligen Kloster aus dem 15. Jh. Einzigartige Atmosphäre! *Tgl. | Kruisherengang 19–23 | Tel. 043 3 29 20 20 | short.travel/nie16 | €€€*

CHÂTEAU NEERKANNE

Das Schloss liegt etwas außerhalb von Maastricht. Ausgezeichnetes Restaurant und ein toller Weinkeller. Edel, mit tollem Blick auf das Jekertal. *Sa-Mittag und Mo geschl. | Cannerweg 800 | Tel. 043 3 25 13 59 | oostwegel collection.nl | €€€*

SPORT & SPASS

GROTTEN

Die Mergelgrotten und ihr schier unendliches Gängelabyrinth sind auf vielerlei Art zu entdecken., z. B. mit Mountainbike und Grubenlampe, per Roller, oder – ganz oldschool – zu Fuß. Oder du unternimmst eine Klettertour unter Tage, komplett mit Geschirr. Verschiedene Grottentouren organisieren *ASP Adventure (Tel. 043 6 04 06 75 | aspadventure.nl)* und *Maastricht Underground (Tel. 043 3 25 21 21 | maas trichtunderground.nl).*

MOUNTAINBIKETRAILS

Südlimburg ist ein ausgezeichnetes Habitat für Mountainbiker: Steigungen, Wälder, tolle Aussichten und prima Infrastruktur. Bewährte Routen findest du auf *short.travel/nie17.*

AUSGEHEN & FEIERN

Kneipen und Restaurants gibt es in Maastricht in Hülle und Fülle. Ein guter Ausgangspunkt ist der Vrijthof. Von dort am besten Richtung Maas durch die Platielstraat und über den Sint Amorsplein weiterziehen bis über die Brücke von Sint Servaas ins gemütliche Kneipenviertel Wyck.

RUND UM MAASTRICHT

4 VAALSERBERG ★

32 km südöstlich von Maastricht/ 45 Min. über die N 278

Mit sage und schreibe 322,5 m ist der Vaalserberg im Dreiländereck Niederlande/Belgien/Deutschland der höchste Punkt der Niederlande. In den Wäldern rund um den Berg gibt es viele Wanderwege, außerdem ein *Buchsbaumlabyrinth*. Eine herrliche Aussicht hat man vom *König-Baudouin-Turm*. F14

5 VALKENBURG

13 km östlich von Maastricht/15 Min. über die A 79

Schon im 19. Jh. kamen die Reichen aus Aachen und Lüttich, um hier im mineralhaltigen Wasser *(Wellnesscenter Thermae 2000 | thermae.nl)* zu baden. Auch bei Rennradlern, die auf Haarnadelkurven stehen, ist die Gegend beliebt. Die ☙ *Burgruine (wechselnde Zeiten für Ruine und Grotte s. Website | 12,50 Euro, Kinder 4–11 Jah-*

re *9,50 Euro | Daalhemerweg 27 | kasteelvalkenburg.nl)* von Valkenburg ist mit der *Fluweelengrot* über unterirdische Gänge verbunden. Es werden verschiedene Führungen durch die Grotten und die Burgruine angeboten. Oben hat man einen schönen Ausblick über die Stadt. F13

6 THORN

45 km nördlich von Maastricht/ 35 Min. über die A 2

Die „weiße Stadt" (2400 Ew.) an der belgischen Grenze besteht aus weiß getünchten Häusern aus dem 18. Jh. Früher war das Zentrum ein Kloster und Damenstift, das sich acht Jahrhunderte als Fürstentum mit eigener Gerichtsbarkeit und Währung behaupten konnte. Die Geschichte dieser Stadt der Frauen erzählt das *Museum Het Land van Thorn (Di–So 11–16, April–Okt. bis 17 Uhr | 3,50 Euro | Wijngaard 14 | museumhetlandvanthorn.nl)*. Im 19. Jh. wurden die meisten Klostergebäude abgerissen, Straßenmuster und Abteikirche blieben jedoch erhalten. F12

7 VENLO

75 km nordöstlich von Maastricht/ 50 Min. über die A 2 und A 73

Die Grenzstadt (100 000 Ew.) ist bei Deutschen als Einkaufsstadt beliebt, besonders zum bunten, viel besuchten *Samstagsmarkt (8–14 Uhr)* mit Gerümpel und Kleidern sowie Blumen und Pflanzen. Im *Limburgs Museum (Mo–Do 10–17, Fr 10–21, Sa/So 10–18 Uhr | 12,50 Euro | Keulsepoort 5 | limburgsmuseum.nl)* kannst du die Geschichte der Provinz hören, fühlen und riechen. F12

DER SÜDWESTEN

Surfen in der Brandung vor der Küste von Walcheren, segeln auf der Oosterschelde, windsurfen auf dem Veerse Meer: Zeeland ist ein Himmelreich für Wassersportler. Und theoretisch gibt es für jeden Urlaubstag einen anderen Strand, mal Nordseeküste, mal Deltastrand und immer anders.

Zeeland besteht aus vielen Inseln, die heute durch unzählige Dämme und Brücken miteinander verbunden sind: die Deltawerke. Dieses Jahrhundertbauwerk soll Flutkatastrophen, die in den Nieder-

Wasser, Wasser, überall Wasser: die Provinz Zeeland

landen zum kollektiven Gedächtnis gehören, in Zukunft verhindern und das Land auch im Klimawandel sicher machen.

Wer genug hat von Sonne, Strand und Wasser, kann sich in die reiche Geschichte Zeelands vertiefen: etwa in der Hauptstadt Middelburg mit der größten Denkmaldichte der Niederlande oder, schon im westlichen Zipfel der Provinz Noord-Brabant, in den mittelalterlichen Handelsstädten Bergen op Zoom und Breda. Ausführliche Informationen zu Zeeland im MARCO POLO Band „Niederländische Küste".

DER SÜDWESTEN

Noordzee

MARCO POLO HIGHLIGHTS

★ **MIDDELBURG**
Spazieren durch die Geschichte Zeelands ➤ S. 123

★ **DELTA-EXPO NEELTJE JANS**
Die geniale Wassertechnik der Niederländer ➤ S. 124

★ **DOMBURG**
Entspannen mit Klasse im ältesten Seebad der Niederlande ➤ S. 126

Monster

Hoek van Holland

N15

Brielle

Hellevoetsluis

N57

Ouddorp

Middelharnis

Strände von Renesse
4 Renesse

65 km, 1 Std.

Zierikzee

N57

5 Delta-Expo Neeltje Jans ★

Banjaardstrand Kamperland

3 Nationalpark Oosterschelde

Strände von Oostkapelle
7 Domburg ★

6 Veere

Middelburg ★
S. 123

Goes

2 Yerseke

A58

8 Vlissingen

45 Min.

100 km, 1 Std.

A58

Strand von Cadzand

85 km, 1 1/4 Std.

N62

9 Zeeuws Vlaanderen
Terneuzen

Hulst

Sluis

N61

Sint-Gillis-Waas

A11

Assenede

Zelzate

A11

Stekene

Maldegem

Eeklo

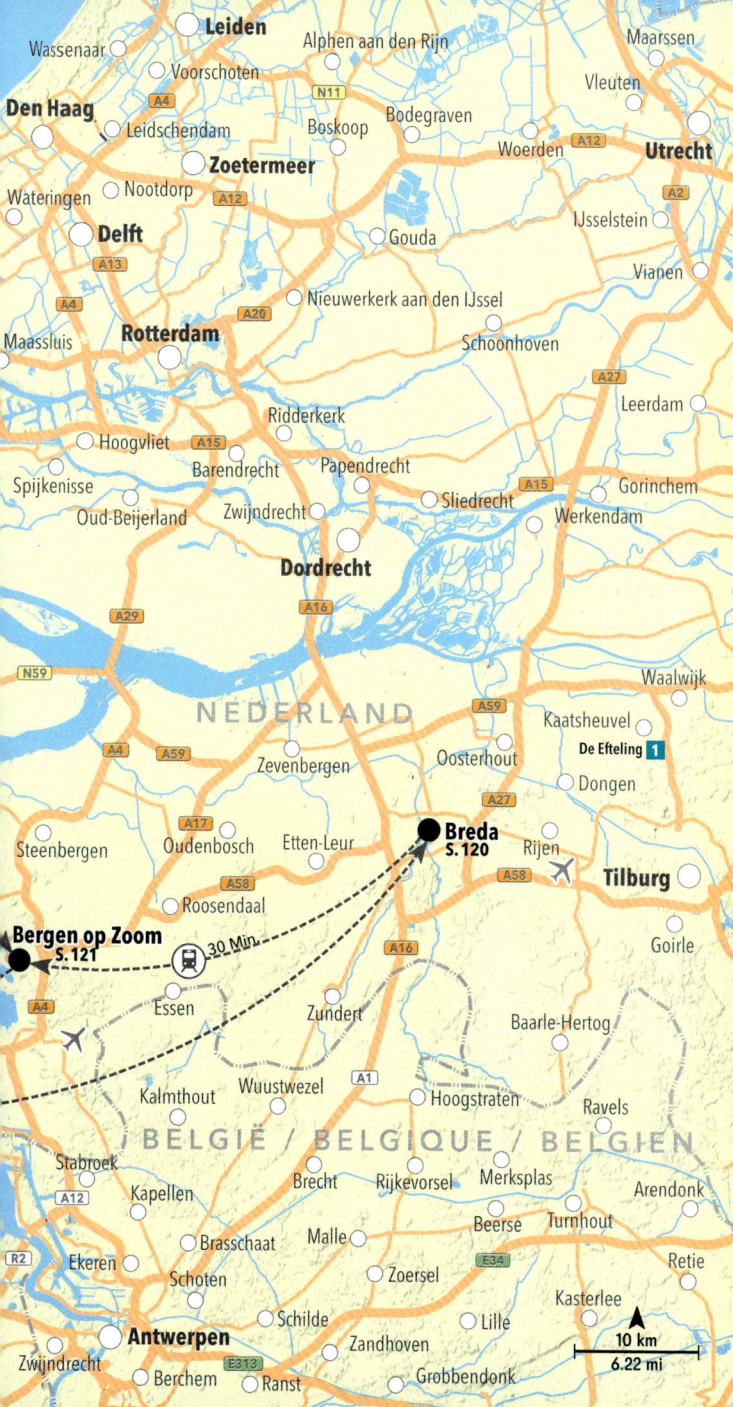

BREDA

(☐ C–D11) **Die Bischofs- und Garnisonsstadt in der Provinz Noord-Brabant (182 000 Ew.) strahlt Gemächlichkeit und Gemütlichkeit aus, mit vielen Parks, grüner Umgebung und dem idyllischem Flüsschen Mark.**
Breda war früher eine wichtige Handelsstadt auf dem Weg in den Norden und geriet im 80-jährigen Krieg mehrfach zwischen die Fronten zwischen den Spaniern und den Oraniern.

SIGHTSEEING

GROTE KERK ODER
ONZE LIEVE VROUWEKERK

Wuchtig und wichtig: Die spätgotische Kirche an der Westseite vom Grote Markt mit ihrem 97 m hohen Turm ist die Grabkirche der Grafen von Nassau und damit wichtig für das niederländische Königshaus. Nicht nur die prunkvollen Gräber, auch die Dekorationen sind toll. Es lohnt sich, eine Führung mitzumachen. Witziges Detail im Chorgestühl: Da hat ein Restaurator jüngere Geschichte eingeschnitzt mit „Trees en haar Canadees": <mark>Auf einem Motorrad fährt eine Frau mit einem kanadischen Soldaten!</mark> *Mo–Sa 10–17, So 13–17 Uhr | Eintritt frei | Kerkplein 2 | grotekerkbreda.nl*

> **INSIDER-TIPP**
> **Der Humor der Restauratoren**

BEGIJNHOF

Der Beginenhof mitten im Zentrum besteht schon seit mehr als 750 Jahren. Einst gab es 38 dieser Wohnanlagen in den Niederlanden, jetzt nur noch diese und die in Amsterdam. *Tgl. 9–18 Uhr | Eintritt frei | Catharinastraat 45 | begijnhofbreda.nl*

Und gleich noch eine Runde? Achterbahn inm Vergnügungspark De Efteling

GINNEKEN

Die Umgebung von Breda eignet sich ideal zum Radfahren. Beste Option: Radle das Flüsschen Mark entlang und such dir anschließend ein nettes Lokal im südöstlich gelegenen Stadtteil Ginneken.

ESSEN & TRINKEN

Restaurants, Cafés und Kneipen konzentrieren sich am Grote Markt, entlang der Straße Haven sowie in Ginneken.

WIJNHUYS 1535 & EETHUYS

Weinbar im ältesten Haus von Breda direkt am Grote Markt. Gleich daneben das passende Restaurant mit Fusionküche. *Wijnhuis Do–So ab 15 Uhr, Eethuis Mo und mittags geschl. | Kerkplein 3 | Tel. 076 5 62 13 74 | wijnhuys 1535.nl | €€*

DE BOMMEL

Eine Institution am Grote Markt. Großes Café mit Livebands (im Winter jeden zweiten Sonntag). *Mo 11–1, Di/Mi 10.30–1, Do–Sa 10.30–2, So 13.30–1 Uhr | Halstraat 1 | debommel.nl*

ONCLE JEAN

Grandcafé mit großem Garten, gemütlich und rund um den Tag beliebt, zum Kaffee, Brunch, Lunch, Bier oder Abendessen. *Tgl. | Ginnekenweg 338 | Tel. 076 5 65 99 99 | onclejean.nl | €€*

SHOPPEN

Die wichtigste Einkaufsstraße ist die *Veemarktstraat*. In der Nähe vom *Grote Markt* gibt es viele kleine Lädchen.

Ein angesagtes Viertel mit Läden für Hipster und dem unvermeidlichen Stadtstrand ist Belcrum.

RUND UM BREDA

1 DE EFTELING 👤

34 km nordöstlich von Breda/25 Min. über die A 27 und A 59

Magische Momente im Märchenwald, Gänsehaut bei Ritterspielen und Adrenalin in der Achterbahn: einer der ältesten Vergnügungsparks Europas und immer noch sensationell, mit jährlich neuen Attraktionen und Shows. *Stark gestaffelte Zeiten s. Website | je nach Saison 42 oder 40 Euro, bis 3 Jahre frei | Europalaan 1 | efteling.nl | 📖 D 11*

BERGEN OP ZOOM

(📖 B–C 11) **Wer Sardellen, Spargel und Erdbeeren mag, ist hier genau richtig. Aus der Oosterschelde kommen die kleinen Heringe, und die Spargel und Erdbeeren wachsen in den Treibhäusern östlich der Stadt.** Die Stadt (66 000 Ew.) trieb seit dem Mittelalter Handel mit der ganzen Welt. Mit ihrer Lage am Kopf des Scheldedeltas war sie bis ins 16. Jh. die Verbindung mit Antwerpen, doch als die Schelde immer mehr versandete, sank ihr Stern. Heute ist Bergen op

Mit mehr als 1000 denkmalgeschützten Gebäuden ist Middelburg fast ein Freilichtmuseum

Zoom eine gemütliche mittelalterliche Stadt voller denkmalgeschützter Häuser und hübscher Ladenstraßen.

SIGHTSEEING

GEVANGENPOORT ODER LIEVEVROUWEPOORT

Unweit vom Markiezenhof steht ein Tor aus weißem Naturstein, ein übrig gebliebener Teil der Verteidigungsmauern aus dem 14. Jh. Lange war es Stadttor und wurde dann zum Gefängnis befördert. Bis 1931 schmachteten hier noch Gefangene. *Lieve Vrouwenstraat*

GROTE MARKT

Auf dem dreieckigen Platz im Herzen der Stadt gibt es viele Kneipen und Restaurants mit Blick auf einen Teil der 500 denkmalgeschützten mittelalterlichen Gebäude mit reich verzierten Giebeln. Auch das für diesen verhältnismäßig kleinen Ort ziemlich beeindruckende *Stadhuis* (Rathaus) steht hier. Das Theater *Stadsschouwburg de Maagd* ist in einer ehemaligen katholischen Kirche untergebracht.

MARKIEZENHOF ☂

Das schönste Gebäude in Bergen wurde ab 1485 für den Markgrafen von Bergen gebaut. Dieser Edelmann hatte architektonischen Geschmack – und eine äußerst feine Nase, wie du im üppig bestückten Kräutergarten riechen kannst. Der älteste Stadtpalast der Niederlande zeigt historische Zimmer und wechselnde Ausstellungen und im zweiten Stock ein ☻ *Zirkusmuseum. Di–So 11–17 Uhr | 9,50 Euro, Kinder 6–18 Jahre 5,50 Euro | Steenbergsestraat 6 | markiezenhof.nl*

ESSEN & TRINKEN

DE BLOEMKOOL

Ehrliche regionale und französisch an-gehauchte Kost ohne viel Firlefanz. Im Sommer sitzt man auf der Terrasse oder im Garten. *Mittags und Mo/Di geschl. | Wouwsestraatweg 146 | Tel. 0164 23 30 45 | debloemkool.nl | €€*

SPORT & SPASS

Am Boulevard an der Binnenschelde gibts einen geschützt gelegenen Stadt-strand mit überdachtem Schwimm-bad für kältere Tage, Restaurants und Snackbars.

MIDDELBURG

(📖 A11) **Die alten Stadttore und die stattlichen Patrizierhäuser sind bis heute charakteristisch für die char-mante ⭐ Hauptstadt der Provinz Zeeland mit ihren 48 000 Ew.**
Ihre Blütezeit hatte die Stadt im 13. Jh. als Zentrum der Tuchmacher und im 17. Jh. als Sitz der Vereinigten Ostindi-schen Handelskompanie – neben Ams-terdam wurden hier die Strippen ge-zogen. Die deutsche Luftwaffe legte im Zweiten Weltkrieg die Innenstadt mit ihren Bomben in Schutt und Asche. Zum Glück hat man alles wieder auf-bauen können und so ist die Ge-schichte in der Stadt mit über 1000 denkmalgeschützten Gebäuden über-all präsent, vom gotischen Rathaus über Patrizier- und alte Speicherhäu-ser bis zu den vielen Kirchen.

SIGHTSEEING

ABDIJ

Das ehemalige Kloster ist heute Re-gierungssitz der Provinz Zeeland. Au-ßerdem beherbergt es das *Zeeuws Museum (Di–So 11–17 Uhr | 11 Euro | zeeuwsmuseum.nl)* mit historischem Kunsthandwerk und Trachten. Die größte Attraktion ist der *Lange Jan,* der 90 m hohe, achteckige Turm *(Sa, Schul-ferien tgl. 11–15.45, Juli/Aug. tgl. 11–16.45 Uhr | 4 Euro | langejanmiddel burg.nl).* Im Sommer gibt es donners-tags um 12 Uhr ein Konzert mit den 49 Turmglocken. Im Innenhof befin-det sich ein 🌸 *Kräutergarten (tgl. 10–17 Uhr | Eintritt frei).* Die Abtei ist nur per Führung zu besuchen, Informa-tion dazu im Zeeuws Museum. *Abdij 4 (Plein) | ⏱ 1 Std.*

VLEESHAL

Das ehemalige gotische Rathaus be-eindruckt mit prachtvoller Fassade und noch schönerem Innenraum. Das Kunstzentrum Vleeshal konterkariert die Gotik mit moderner und zeitge-nössischer Kunst, ein gelungener Ef-fekt. *Mi–Fr 13–17, Sa/So 11–17 Uhr | 4 Euro | Markt 1 | vleeshal.nl*

ESSEN & TRINKEN

DE MUG

In einer Seitenstraße vom Markt ser-viert „Die Mücke" in lockerer Atmo-sphäre burgundische Gerichte und dazu mehr als 150 Biersorten! *Mo–Do 16–24, Fr/Sa 15–2, So 15–24 Uhr | Vlas-markt 54 | Tel. 0118 61 48 51 | demug. nl | €€*

DE GOUDEN BOCK

Stilvolles Restaurant im Zentrum. Muscheln, Austern und andere Meerestiere kommen aus der Umgebung. Es gibt aber auch Wild. Im Sommer wird auf der Terrasse serviert. *So/Mo geschl. | Damplein 17 | Tel. 0118 61 74 84 | degoudenbock.nl | €€–€€€*

SHOPPEN

Middelburg ist bekannt für seinen folkloristischen *Donnerstagsmarkt* vor dem Rathaus. Jede Menge trendige Läden gibt es in der Fußgängerzone rund um das alte Rathaus und die Abtei.

RUND UM MIDDELBURG

2 YERSEKE 🚩

39 km östlich von Middelburg/ 30 Min. über die A 58

Das Fischerdörfchen ist das größte Muschel- und Austernzentrum der Niederlande, es gibt rund um den Hafen jede Menge Muschel- und Austernrestaurants, wo man die verschiedenen Austernsorten der Oosterschelde probieren kann. 🗺 *B11*

3 NATIONALPARK OOSTERSCHELDE

30 km bis Colijnsplaat nordöstlich von Middelburg/30 Min. über die N 57 und N 255

Fluss- und Meerwasser, das sich durch die Gezeiten ständig mischt, bringt eine ganz besondere Natur hervor. Im Nationalpark lernt man die Pflanzen und Tiere, die sich perfekt an diese Umgebung angepasst haben, kennen: Seehunde und Schweinswale, 15 verschiedene Sorten Haie und Rochen und viele Zugvögel (im Park gibt es mehrere Beobachtungsposten). Der Park ist frei zugänglich, Muscheln und Austern, die man findet, darf man mitnehmen. Von Colijnsplaat aus werden 🐬 *Ausflüge zu den Seehundsbänken (12,50 Euro, Kinder 10 Euro | zoetewey. nl)* in der Oosterschelde angeboten. *np-oosterschelde.nl* 🗺 *B11*

4 RENESSE

35 km nördlich von Middelburg/ 30 Min. über die N 57

Am Fuß der Dünen in der Nordwestecke der Insel Schouwen-Duiveland liegt der vor allem bei Jugendlichen und Familien sehr beliebte Badeort. Die zahlreichen Touristen kommen vor allem der tollen 🚩 🏖 *Sandstrände* wegen, die zu den breitesten in ganz Zeeland gehören. Am Südeingang des Dorfs kann man gebührenfrei parken, ein Bus bringt die Badegäste gratis zum Strand. Gleich hinter dem Strand erstreckt sich das große Wald- und Dünengebiet *Vroonduinen,* ideal zum Laufen, Wandern, Spazieren oder Radeln. 🗺 *A11*

5 DELTA-EXPO NEELTJE JANS ⭐ 🐬

22 km nördlich von Middelburg/ 20 Min. über die N 57

1953 war ein Schicksalsjahr für die Niederlande. Am 31. Januar wurde das Zusammentreffen einer Sturmflut mit einer Springflut für Zeeland fatal.

Die Deiche brachen, rund 2000 km² Land wurden überflutet. Mehr als 1800 Menschen starben und über 100 000 verloren Haus und Hof. Dieses nationale Trauma führte zu einem nationalen Wasserschutzplan, dem Deltaplan. Auf der Insel Neeltje Jans zwischen Schouwen und Beveland wird das gigantische Wehrsystem gezeigt und erklärt: 65 Pfeiler, in deren Sockel sich je sechs Kammern mit einer Fläche von 8 × 20 m und einer Höhe von 12 m befinden. Wird das Wehr geschlossen, füllen sich diese Hohlräume mit Wasser. Nicht nur für Technikfreaks faszinierend! Die Wehre arbeiten mit den Gezeiten und sorgen dafür, dass das einzigartige biologische Gleichgewicht von Süß- und Salzwasser gewahrt bleibt. Es gibt Animationen, Filme und historisches Material. Das ist aber noch nicht alles: Im Aqua-

rium lernst du die Unterwasserwelt der Oosterschelde kennen, die ohne die Wehre nicht überleben könnte. Es gibt u. a. eine Orkanmaschine, Rundfahrten über die Oosterschelde, eine Wasserrutschbahn und einen Wasserspielplatz für die Kleinen. Unmittelbar südlich des Damms erstreckt sich der 3 km lange Familienstrand *Banjaardstrand Kamperland* mit Blick auf die Deltawerke.

April–Okt. tgl. 10–17 Uhr, Nov.–März s. Website | 18 Euro, Kinder 4–12 Jahre 16 Euro, 2–3 Jahre 7 Euro, Parkgebühr 7,50 Euro | neeltjejans.nl | ⏱ 1 Std. | ⌁ A11

🐦 VEERE

8 km nordöstlich von Middelburg/ 30 Min. mit dem Rad

Ein kleines Städtchen, möchte man meinen, aber bevor das Scheldedelta

Eine bizarre Mischwelt aus Land und Meer: Salzwiesen im Nationalpark Oosterschelde

geschlossen wurde, war Veere eine wichtige Handelsstadt – vor allem für schottische Wolle, die für die Tuchmacher in Flandern wichtig war. Die damalige Bedeutung sieht man noch an den schottischen Häusern und den eindrucksvollen Bauten des Festungsstädtchens mit seinem eleganten Rathaus und dem intimen Marktplatz. Das Veerse Meer, der Flussarm vor Veere, ist wunderbar geeignet für alle möglichen Wassersportarten. □□ A11

7 DOMBURG ⭐

12 km nordwestlich von Middelburg/
50 Min. mit dem Rad

Mondänes Kurbad und Künstlerkolonie: Im ältesten Badeort von Walcheren gibt es nicht nur einen breiten Sandstrand, sondern auch ein riesiges Dünengebiet. Schon im 19. Jh. kamen betuchte Bürger aus Middelburg hierher, um sich zu erholen, ihre Villen stehen noch. Anfang des 20. Jhs. malte der später für seine abstrakten Bilder berühmt gewordene Piet Mondrian, der sich immer wieder vom ganz speziellen Licht in Zeeland inspirieren ließ, verschiedene Motive des Badeorts. Heute reisen vor allem junge Leute nach Domburg, um Sport und Spaß zu haben. Dem Seewasser sagt man heilende Wirkung nach, deshalb gibt es viele Wellnessangebote, darunter auch Yoga am Strand. Die Strände im sich nordöstlich anschließenden *Oostkapelle* gelten als die saubersten von Zeeland. □□ A11

Jede Menge Platz versprechen die langen Dünenstrände in und um Domburg

8 VLISSINGEN

*7 km südlich von Middelburg/30 Min.
mit dem Rad*

Die alte Seefahrerstadt (33 000 Ew) an
der Mündung der Westerschelde mit
langem Strand und Aussicht auf große
Pötte hat ein modernes Gesicht, aber
auch jede Menge Orte für Festungs-
und Seefahrerromantik. Die Kasemat-
ten der Kaiserfestung *(Keizersbolwerk)*
und die *Festung Oostbeer* geben einen
Eindruck von den Schlachten, die um
die Stadt geführt wurden. Vier grazile
Jugendstilhäuser für belgische Lotsen
(Spuistraat 59–65) erzählen von fried-
licher Geschichte – man erkennt sie an
den weiß-blau-roten Giebelelementen.
Für Freunde schicker Boote ist der große
Yachthafen ein tolles Fotorevier. 🕮 *A11*

9 ZEEUWS VLAANDEREN

*70 km bis Cadzand-Bad südlich von
Middelburg/1 Std. über den maut-
pflichtigen Scheldetunnel bei Terneuzen*

Zeeländisch-Flandern, die südlichste
Gegend der Provinz Zeeland, ist nur
durch den Tunnel unter der oder per
Personenfähre über die Westerschelde oder auf dem Umweg durch Belgien zu erreichen. Zahlreiche Polder
und Deiche sind Zeugen des ständi-
gen Kampfs, den die Bewohner in diesem Zipfel der Niederlande gegen das
Wasser geführt haben. Vor allem die
Badeorte an der Westküste – *Cadzand,
Retranchement, Breskens* – sind im
Sommer stark frequentiert. Die Silhouette des niedlichen Festungsstädtchens
Sluis wird vom 32 m hohen Turm mit
vier Ecktürmchen bestimmt. Der viel
besuchte Ort an der belgischen Grenze ist weit über die Region hinaus bekannt. Der Einfluss Belgiens ist hier
kulinarisch gut zu merken: In Sluis kann
man gut und gepflegt essen gehen.
Am langen 🌿 *Sandstrand* in Cadzand-
Bad, der sich vor dem Naturschutzge-
biet Het Zwin bis hinüber nach Belgi-
en zieht, findet man
mit ein wenig Glück
manchmal noch Hai-
zähne. Bei Sonnenun-
tergang eine Flasche
Wein entkorken und morgens vom Ge-
räusch der Brandung geweckt werden:
An mehreren Stränden von Zeeuws
Vlaanderen kann man in (recht mini-
malistischen) Strandhäuschen übernachten (*short.travel/nie18* oder selbst
suchen, Stichwort *slaapstrandhuisjes*).
🕮 *A12*

INSIDER-TIPP
**Übernachten
auf dem
Strand**

ERLEBNIS TOUREN

Lust, die Besonderheiten der Region zu entdecken? Dann sind die Erlebnistouren genau das Richtige für dich! Ganz einfach wird es mit der MARCO POLO Touren-App: Die Tour über den QR-Code aufs Smartphone laden – und auch offline die perfekte Orientierung haben.

❶ SOMMERSCHLÖSSER DER AMSTERDAMER KAUFLEUTE

➤ Entspannte Radtour entlang eines idyllischen Flusslaufs
➤ Viele Gelegenheiten für Terrassen- und Restaurantbesuche
➤ Die Lustschlösser an der Vechtstreek: fast wie eine Loire in Klein

📍	Utrecht	🏁	Weesp
➜	Strecke: gut 40 km	🚲	6 Stunden, reine Fahrzeit knapp 3 Stunden

ℹ️ Falls Sie ein Rad in Utrecht mieten: Es ist möglich – allerdings gegen einen ziemlich hohen Aufpreis –, das Rad in Amsterdam abzugeben. Von Weesp ist es mit dem Zug eine gute halbe Stunde zurück nach Utrecht (Radticket 6 Euro).

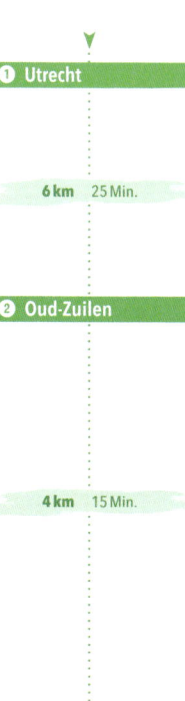

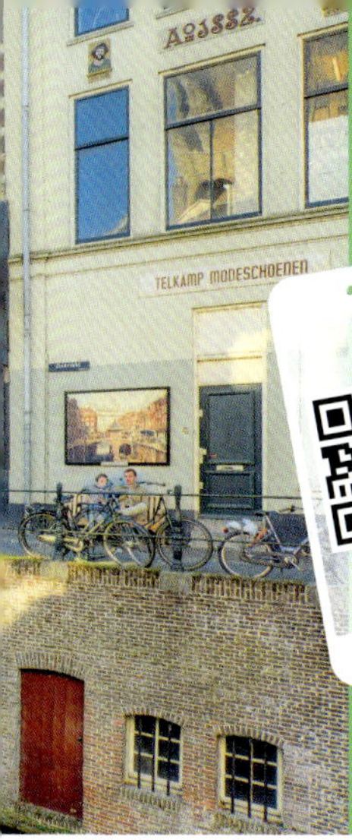
A°1882.
TELKAMP MODESCHOENEN

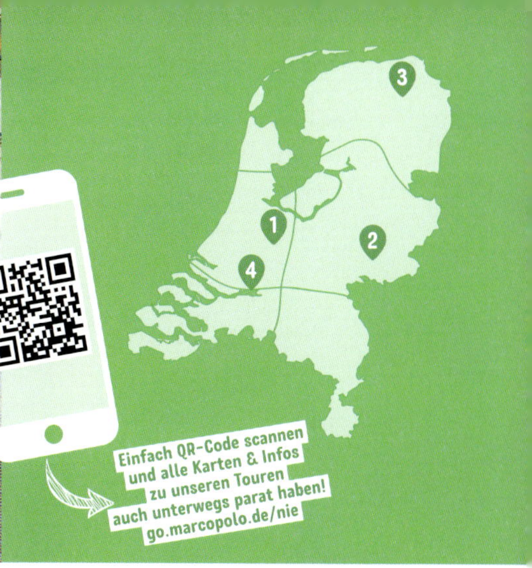
1
2
3
4
Einfach QR-Code scannen
und alle Karten & Infos
zu unseren Touren
auch unterwegs parat haben!
go.marcopolo.de/nie

Am Anfang gehts auch ohne Navi: „Immer an der Gracht lang" ist dein Motto an der Oudegracht

Die Tour beginnt *beim Bahnhof auf dem Vredenburg in* ❶ **Utrecht** ➤ S. 70 und führt *über die Lange Viestraat bis zur Oudegracht.* Da die Gracht ein paar Kilometer weiter in die Vecht mündet, ist es am einfachsten, immer *so nah wie möglich am rechten Grachtenufer entlang zu fahren. Überquer nach der Vinkenkade die breite Straße und bieg in die Jagerskade ein.*

❶ Utrecht

6 km 25 Min.

MITTAGSPAUSE UNTER KASTANIENBÄUMEN

Folg dem Weg am Wasser entlang bis nach ❷ **Oud-Zuilen**. Hier fallen dir vielleicht die für ein Dorf ungewöhnlich imposanten Häuser rechts und links der Hauptstraße (Dorpsstraat) auf. Am Ortsausgang tauchen die hohen Türme von Schloss **Zuylen** *(Tournooiveld 1)* auf. Der eindrucksvolle mittelalterliche Bau verfügt immer noch über seine Originalfassaden, obwohl er mehrfach umgebaut wurde. Der Park wurde nach dem Vorbild von Versailles gestaltet.

❷ Oud-Zuilen

4 km 15 Min.

Das **Schlossmuseum** *(April–Okt. Di–So, Nov.–März Sa/So 11–17 Uhr | 12,50 Euro, Kinder 6,50 Euro | slotzuylen.nl)* und der große Park können nur im Rahmen einer 75-minütigen Führung besichtigt werden. Die Führungen sind auf Niederländisch, es gibt aber Broschü-

ren auf Deutsch. *Vor dem Schloss* findest du das **Restaurant Belle** *(Mo und außer Sa/So mittags geschl. | Dorpsstraat 12 | Tel. 030 2 44 17 90 | restaurantbelle.nl | €–€€)*, wo du am Wochenende unter den schattigen Kastanienbäumen eine Mittagspause einlegen kannst. Es gibt Suppen oder Brötchen und für den größeren Hunger französische Gerichte.

Nun geht es weiter nach ❸ **Maarssen**, wo es von Schlössern und Herrenhäusern nur so wimmelt. Zuerst kommt **Huis ten Bosch** *(Zandweg 44)*, dann taucht das eindrucksvolle schmiedeeiserne Gittertor von Schloss **Doornburgh** *(Diependaalsedijk 17)* auf und schließlich landest du bei Schloss **Goudestein** *(Diependaalsedijk 19)*, das heute als Rathaus Dienst tut.

Die nächsten paar Kilometer führen dann Richtung ❹ **Breukelen**. Bevor du ins Dorf fährst, siehst du am anderen Ufer den viereckigen Turm von **Nijenrode** *(Straatweg 25)*. Gleich dahinter steht das im 13. Jh. erbaute Schloss. In Breukelen stehen an beiden Ufern der Vecht aber noch weitere Schlösser: **Boom en Bosch** *(Markt 13)*, **Gunterstein** *(Laan van Gunterstein)*, **Queekhoven** *(Zandpad 41)* und **Groenevecht** *(Zandpad 37)*.

ERFRISCHUNG AUF DER TERRASSE

Die nächste Etappe ist ❺ **Loenen**. Die drei Schlösser in Loenen – **Vegtlust** *(Oud Over 3)*, **Bijdorp** *(Oud Over 8)* und **Oud Over** *(Oud Over 33)* – können zwar nicht von innen besichtigt werden, ein Blick von außen lohnt sich aber. *Die Uferstraße führt danach durch* ❻ **Vreeland** mit den beiden Herrenhäusern **Het Plantagehuis** *(Kleizuwe 101)* und **Valk en Heining** *(Rijksstraatweg 147)*. *Mitten im Dorf* Pauseoption im **Lokaal Zuid** *(Mo-Mittag, Di-Mittag, Okt.–April auch Sa-Mittag geschl. |*

❸ **Maarssen**

7 km   30 Min.

❹ **Breukelen**

6 km   25 Min.

❺ **Loenen**

4 km   15 Min.

❻ **Vreeland**

Lindengracht 25 | Tel. 0294 23 02 30 | lokaalzuid.nl |
€–€€) auf der Terrasse unter den Bäumen gegenüber
dem Musikpavillon.

Dann kommst du zur Schleuse 't Hemeltje. Dort biegst
du links ab und folgst die letzten paar Kilometer den
Wegweisern nach ❼ Weesp, wo du entweder in den
Zug steigst oder mit dem Rad noch ca. 15 Minuten weiter bis zur gut ausgeschilderten Metrostation Kraaienest
fährst.

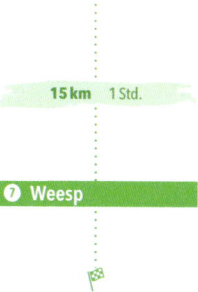

15 km   1 Std.

❼ **Weesp**

❷ GRENZTOUR DURCH DAS ACHTERHOEK

➤ **Flüsschen, Baumgruppen und Bauernhöfe: So geht Landlust**
➤ **In urigen Antiquariaten deinen Schatz finden**
➤ **Geselliges Nachtleben in der Heimat des Grolsch**

📍 Zutphen   🏁 Enschede

➡ Strecke: gut 120 km   🚗 1 Tag, reine Fahrzeit
                              ca. 2 Stunden

ℹ Bei zu starkem Wind oder zu hohem Wasserstand bleibt die
Bronkhorster Veer im Hafen. Auskunft: Tel. 06 15 02 09 76
Brauereiführung in ❺ **Groenlo** vorab telefonisch buchen:
0544 46 48 60

MODERNE KUNST IN DENKMALGESCHÜTZTEM ORT

Nimm von ❶ Zutphen ➤ S. 103 die N 348 nach Brum-
men. Dort folgst du den Schildern nach Bronkhorst. Kurz
vor dem Ort überquerst du die IJssel mit der **Bronkhorster Veer** (Mai–Sept. Mo–Fr 7.30–19, Sa/So 9.30–19,
Okt.–April Mo–Fr 7.30–17.30, Sa/So 10–17 Uhr | 2 Euro/
Auto, 0,40 Euro/Passagier). ❷ **Bronkhorst** besitzt seit
1492 das Stadtrecht und ist mit seinen gut 150 Einwoh-
nern die kleinste „Stadt" der Niederlande. Spazier
durch den fast komplett unter Denkmalschutz stehen-
den Ortskern! Etwas außerhalb findest du das **Kunst-
gemaal** (Mai/Juni und Sept. Mi–So, Juli/Aug. tgl., Okt.–
April Do–So 11–17 Uhr | Veerweg 1 | hetkunstgemaal.

❶ **Zutphen**

12 km   20 Min.

❷ **Bronkhorst**

46 km   45 Min.

nl), eine Galerie für moderne Kunst in einem denkmalgeschützten Pumpwerk mit angeschlossenem Café *(hetkeukengemaal.nl | €)*. Hunger? Dann kehrst du jetzt in Bronkhorst ins gediegene Restaurant **Het Wapen van Bronkhorst** *(Mo geschl. | Gijsbertplein 1344 1 | Tel. 0575 45 12 65 | wapenvanbronkhorst.nl | €€–€€€)* für ein Mittagessen auf der Terrasse ein.

Auf der N 314 geht es dann weiter nach Hummelo. Dort biegst du auf die N 330 Richtung Zelhem, Varsseveld und Aalten ab. Kurz hinter Aalten gelangst du nach

❸ Bredevoort. In diesem als Bücherstadt bekannten Örtchen findest du nicht weniger als 25 niederländische und deutsche Antiquariate. Bei Hunger oder Durst: **Restaurant Bertram** *(tgl. | 't Zand 1 | Tel. 0543 45 11 12 | restaurant bertram.nl | €–€€)*.

❸ Bredevoort

8 km   **10 Min.**

❹ Winterswijk

25 km   **25 Min.**

❺ Groenlo

INSIDER-TIPP
Bermudadreieck für Bücherwürmer

Kirche in Bronkhorst: Fast der gesamte Ortskern steht unter Denkmalschutz

EIN VÖLKERVERBINDENDER GARTEN

Von Bredevoort fährst du weiter nach **❹ Winterswijk**, einer Kleinstadt unweit der deutschen Grenze. Im Gegensatz zur dicht besiedelten Randstad hat man hier noch richtig Platz – wie die vielen frei stehenden Häuser im Zentrum belegen – und Muße für schöne Gärten: Schau dir **Rosenhaege** *(Di–So 10–17 Uhr | 5 Euro | Bekeringweg 8 | rosenhaege.nl)* an, eine Art Minibundesgartenschau mit Modellgärten, die gemeinsam von niederländischen und deutschen Gärtnern gehegt und gepflegt werden.

FORTBILDUNG MIT BIER

Folg am Ortsausgang von Winterswijk der N 319 nach **❺ Groenlo**, der Vergnügungshochburg dieser Gegend: Wegen der unanständig vielen Cafés und Kneipen spricht man im Volks-

mund vom „Las Vegas des Achterhoek". Mach hier Halt für einen Aperitif im **Café de Kroon** *(Di geschl. | Notenboomstraat 46 | dekroongroenlo.nl)*! Die Stadt, von deren Festung noch ein paar Mauern erhalten sind, hieß früher Grol. Daran erinnert heute noch das Grolsch-Bier – die ersten Flaschen wurden vor 400 Jahren an der Kevelderstraat 15 gebraut. Heute befindet sich dort das **Grolsch Brouwhuis De Lange Gang** *(langegang.nl)*, ein Café *(Mo/Di geschl.)* mit einem *Brauereimuseum*, wo du an einer 75-minütigen *Führung (6,50 Euro inkl. 1 Glas Urbier)* teilnehmen kannst, wenn du dich vorher angemeldet hast.

29 km 30 Min.

EINE KNEIPE NICHT NUR FÜR TIM-&-STRUPPI-FANS

Die N 18 führt dich dann ans Ziel nach ❻ **Enschede**. Diese größte Stadt der Provinz Overijssel ist dank ihrer zahlreichen Kneipen und mehrerer Theater- und Konzertsäle eine der lebendigsten in der ganzen Gegend. Lass die Tour z. B. im **Jansen en Janssen** *(tgl. | Oude Markt 10 | jansenenjanssen.com)* – das sind Schulze und Schultze aus Tim und Struppi – ausklingen, einer gemütlichen Kneipe auf dem Marktplatz.

❻ **Enschede**

❸ RADTOUR IM BESCHAULICHEN GRONINGER HOGELAND

➤ Raus aus der Stadt, rein in die Natur: wo Groningen ursprünglich ist
➤ Entschleunigen mit Blick aufs Wasser
➤ Schön mit dem Rad, geht aber auch mit Rollerblades

📍 Groningen

🔄 Strecke: 30 km

🏁 Groningen

🚲 3–4 Stunden, reine Fahrzeit ca. 2 Stunden

ℹ️ Im Sommer Mückenschutz mitnehmen!

❶ Groningen

1 km 5 Min.

❷ A Star is born

SCHÖNE SCHIFFE SCHAUEN

Vor dem Bahnhof in ❶ Groningen ➤ S. 87 *radelst du über die Rad- und Fußgängerbrücke am modernen Gebäude des Groninger Museums entlang, biegst links in die Ubbo Emmiussingel mit den typischen roten Backsteinhäusern und nach dem Kreisverkehr in die Praediniussingel. Am Ende dieser Straße, bei der Westerkade, geht es über eine weitere Brücke und danach rechts in die Pottebakkersrijge.* Nun kommst du ins alte Hafengebiet, wo mehrere Wohnboote und historische Segelschiffe vertäut liegen. Auf der gegenüberliegenden Seite steht ein auffälliges Kunstwerk – das sich als öffentliche Toilette entpuppt! Das runde Gebäude mit blau verzierten Milchglasscheiben trägt den Titel ❷ A Star is born und wurde vom Architekten Rem Koolhaas und vom Fotografen Erwin Olaf entworfen, um für mehr Schönheit im öffentlichen Raum zu werben.

INSIDER-TIPP
Das Kunstklo des Stararchitekten

Weiter geht es am Wasser des Zuiderhavens entlang; überquer die Brücke bei der Westersingel und schwenk in die Wilhelminakade ein, dann bei der Kreuzung mit dem Prinsesseweg links in den Jaagpad. Wie aus dem Nichts taucht ein paar Hundert Meter weiter plötzlich eine Bronzefigur an der Böschung auf: die ❸ **Madonna van de Nevelen**, ein Kunstwerk von Luk van Soom.

2 km 10 Min.

❸ Madonna van de Nevelen

FRÖSCHE UND LIBELLEN: ES WIRD LÄNDLICH

Nachdem du anschließend die letzten Sport- und Industrieanlagen der Stadt passiert hast, kommst du zu einer Schleuse. Fahr weiter auf dem Evert Harm Woltersweg und verlass das Wasser beim Schild „Oostum", wo du in den von Birken gesäumten Oostumerweg einbiegst.

Der Humor des Architekten: eine öffentliche Toilette namens „A Star is born"

Hier beginnt das Naturgebiet Reitdiepdijk mit Weißdornsträuchern, Blumenwiesen und immer wieder einem Tümpel mit Fröschen und Kröten, seltenen Schmetterlingen und hübschen blauen Libellen.

12 km 45 Min.

PAUSE IM DENKMALGESCHÜTZTEN DÖRFCHEN

Durch die wie ausgestorben wirkende Gegend, das Groninger Hogeland, radelst du vorbei an Wiesen mit schwarz-weißen Kühen und ab und zu einem herr-

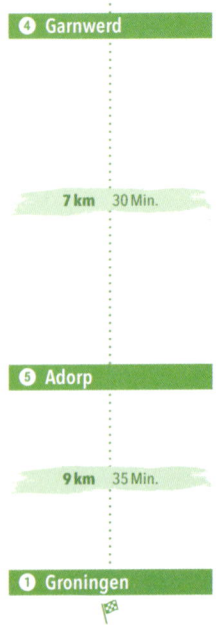

④ Garnwerd

7 km   30 Min.

⑤ Adorp

9 km   35 Min.

① Groningen

schaftlichen Bauernhaus. *Im Örtchen* ④ **Garnwerd** steht die Sint Ludgerkerk aus dem 13. Jh. mit einem Glockenturm, der 500 Jahre später angebaut wurde. Stell dein Rad ab für einen Rundgang durch das denkmalgeschützte Dörfchen am Reitdiep mit seinen charakteristischen Backsteinhäusern. Im Restaurant **Garnwerd aan Zee** *(Mo geschl. | Hunzeweg 38a | Tel. 0594 62 81 30 | garnwerdaanzee.nl | €)* im Hafen kannst du Durst und Hunger stillen.

Weiter geht es mit der Tour: Du überquerst das Wasser und biegst nach der Brücke rechts in den Radweg Richtung ⑤ **Adorp** *ein.* Schon von Weitem sind die Flügel der hohen Kornmühle auszumachen. Auch dieser Weiler ist reich an denkmalgeschützten Backsteinhäusern wie dem kolossalen Bauernhof am Torenweg 15. *Am Ortsausgang von Adorp stehen die ersten Schilder Richtung Groningen* und bald schon zeichnet sich in der Ferne die Silhouette des Olle Grieze ab, des fast 100 m hohen Turms der Martinikerk im Zentrum von ① **Groningen**.

④ MIT DEM RAD DURCHS VOGELPARADIES BIESBOSCH

➤ Durch die bezaubernde Natur zwischen Wald und Wasser
➤ Fernglas dabei? Hier gibt es jede Menge seltene Vögel!
➤ Mach einen Abstecher aufs Wasser mit dem Flüsterboot

📍 Dordrecht	🏁 Dordrecht	
🔄 Strecke: 45 km	🚲 1 Tag, reine Radfahrzeit ca. 3 Stunden	

ℹ Mückenschutz, Fernglas und ggf. Teleobjektiv mitnehmen und vorab die je nach Tag und Jahreszeit unterschiedlichen Verkehrszeiten der Fähren prüfen!
In den Sommermonaten ist eine Kanureservierung ratsam: *Werkendam | Spieringsluis 5 | Tel. 0183 50 16 33 | jachthaven oversteeg.nl*

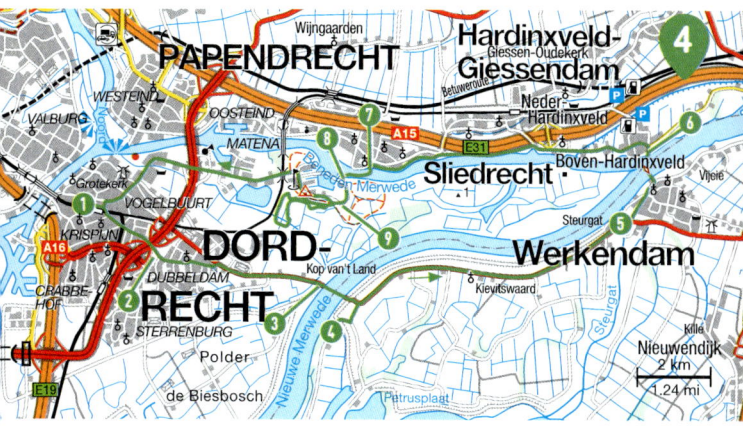

Die Tour beginnt am Bahnhof in ❶ Dordrecht ➤ S. 68. Von hier führt die Burgemeester de Raadtsingel nach Osten. Fahr auf dieser Straße, die mehrmals ihren Namen ändert, bis zu einem Kreisel. Dort nimmst du die dritte Ausfahrt und fährst auf dem Dubbeldamseweg Zuid durch eine Unterführung – nun geht es immer geradeaus weiter, bis du die große grüne Oase mit dem Landgut ❷ Dordwijk erreichst. Wirf einen Blick auf den englischen Landschaftsgarten, der Ende des 19. Jhs. um den schlossähnlichen Bauernhof angelegt wurde. Am Ende des Parks fährst du weiter auf der Dubbelsteynlaan und biegst danach rechts ab auf den Radweg, der parallel zum Provincialeweg verläuft. Dieser Weg endet beim ❸ Kop van 't Land. Dort befindet sich die Anlegestelle der Fähre (Mo–Fr 6–19.45, Sa/So 9.45–18.45, Okt.–März 10.45–18.05 Uhr | 0,80 Euro | veerdienstbiesbosch.nl), die dich über die Nieuwe Merwede bringt.

FLUSSAUEN MIT GRASENDEN WILDPFERDEN

Am anderen Ufer fährst du auf dem Veerweg weiter und biegst an der ersten Kreuzung rechts auf die Deichstraße namens Bandijk. Nun bist du im Brabantse Biesbosch, dem südöstlichen Teil des großen Nationalparks. Auf beiden Seiten der Straße bilden Flussauen mit grasenden Wildpferden die Kulisse und immer wieder drehen Schwärme von Rotgänsen über den mit Schilf überwucherten Inseln ihre Runden. In weniger als fünf

❶ Dordrecht

2 km   10 Min.

❷ Dordwijk

5 km   20 Min.

❸ Kop van 't Land

2 km   15 Min.

❹ Het Bolle Bevertje

Minuten ist das Restaurant **❹ Het Bolle Bevertje** *(April– Sept. Mo, Okt.–März Mo–Fr geschl. | Spieringsluis 4 | Tel. 0183 50 56 73 | bollebevertje.nl | €)* erreicht. Ein guter Ort für die Mittagspause, doch erst einmal solltest du *gleich gegenüber* im **Jachthaven van Oversteeg** ein Kanu mieten, um für zwei Stündchen all die Flüsschen, Buchten und Inseln vom Wasser aus zu erkunden.

9 km   35 Min.

Nach dem Mittagessen geht es auf dem Bandijk weiter, diesmal aber in nördlicher Richtung. Die wasserreiche Landschaft geht allmählich über in einen von Poldern dominierten Landstrich. *Nach knapp 10 km erreichst du*

❺ Werkendam

❺ Werkendam. *Kurz vor dem Ortseingang verlockt das* **Restaurant De Waterman** *(Nov.–März So-Mittag ge- schl. | restaurantdewaterman.nl | €€)* zu einer Pause. Von dessen Sonnenterrasse überblickst du bei einer Er- frischung den Yachthafen von Werkendam.

2 km   15 Min.

UND WIEDER MAL AUF DIE FÄHRE

Dort, wo der Bandijk auf den Sasdijk übergeht, biegst du links ab zur Anlegestelle und lässt dich von der Fähre

#Entschleunigungpur: der Hashtag zu deiner Tour durch den Nationalpark Biesbosch

(Mo–Fr 6.31–9.31 alle 30 Min., 10.37–13.37 alle 60 Min., 14.31–18.01 alle 30 Min., Sa 8.37–17.37 alle 60 Min., So 12.37–17.37 alle 60 Min., jedoch nicht an Feiertagen | 1,50 Euro | riveer.nl) über die Boven Merwede nach ❻ Hardinxveld bringen. Am Nordufer der Boven Merwede (die nach ein paar Hundert Metern ihren Namen in Beneden Merwede ändert) liegt nun der östliche Teil des Naturschutzgebiets vor dir, der Sliedrechtse Biesbosch. Auf dem Rivierdijk (der zwischendurch Tiendweg heißt) radelst du westwärts an den Werft- und Industrieanlagen vorbei, bis du zur Oosterbrugstraat gelangst. Dort befindet sich der Anleger ❼ Sliedrecht Middeldiep.

IM FLÜSTERBOOT DURCH EIN
NIEDERLÄNDISCHES AMAZONIEN

Die Fähre (April–Okt. Mo–Mi 7.08–18.08, Do/Fr bis 21.08 alle 60 Min., Sa 8.08–19.08 alle 60 Min., So 10.08–19.08 alle 60 Min., Nov.–März Mo–Fr 7.08–18.08 alle 60 Min. | 1,90 Euro | waterbus.nl), die hier Waterbus heißt, bringt dich zur nächsten Haltestelle, ❽ Dordrecht Hollandse Biesbosch. Südwärts geht es auf dem Baanhoekweg weiter. Nach etwa 1 km erreichst du das ❾ Biesboschcentrum Dordrecht (April–Okt. Di–So 9–17, Juli/Aug. auch Mo, Nov.–März 10–16 Uhr | Baanhoekweg 53 | biesboschcentrumdordrecht.nl), das über die Tierwelt und die Pflanzen im Nationalpark informiert. Miete dir hier eines der mit Elektromotor ausgestatteten „Flüsterboote" für eine kleine Erkundungstour! Für eine weitere Erfrischung empfiehlt sich danach die Terrasse des zum Biesboschcentrum gehörenden Biestro (Okt.–April Mo geschl. | merwelanden.nl).

Für den letzten Abschnitt folgst du dem Baanhoekweg weiter in Richtung Westen, vorbei an der Jugendherberge Stayokay Dordrecht. Nach einer Linkskurve geht es auf einer Brücke über den Flussarm Wantij, anschließend fährst du auf der Oranjelaan, biegst dann rechts in den Vrieseweg und rollst am Oranjepark entlang. An dessen Ende biegst du beim Kreisel in die Burgemeester de Raadtsingel ein, die dich zurück zum Bahnhof in ❶ Dordrecht führt.

❻ Hardinxveld

9 km 35 Min.

❼ Sliedrecht Middeldiep

1 km 5 Min.

❽ Dordrecht Hollandse Biesbosch

1 km 5 Min.

❾ Biesboschcentrum Dordrecht

13 km 50 Min.

❶ Dordrecht

ANKOMMEN

ANREISE

Wer aus dem Süden kommt, gelangt über Aachen nach Maastricht. Weitere Autobahnverbindungen führen via Duisburg nach Venlo sowie via Oberhausen nach Arnhem. Aus Nord- und Nordostdeutschland fährt man über Osnabrück nach Hengelo oder über Leer nach Groningen. Auf *vananaarbe ter.nl* sind sämtliche aktuellen und zukünftigen Baustellen aufgelistet.

Mit der Bahn gibt es Verbindungen aus vielen europäischen Städten. Zwischen Amsterdam und Köln verkehren täglich mehrere EC- bzw. ICE-Züge. Eine weitere Hauptstrecke ist Berlin–Osnabrück–Amsterdam. Außerdem gibt es Verbindungen über Venlo nach Eindhoven sowie zwischen Aachen und Maastricht. Die Fahrzeit von Köln bzw. Osnabrück nach Amsterdam beträgt

etwa drei Stunden. In den niederländischen Zügen kann man sein Rad außerhalb der Stoßzeiten (6.30–9 und 16.30–18 Uhr) und im Juli und August ganztägig mitnehmen. Für einen Tag kostet das 6,20 Euro *(dagkaart fiets)*.

Mehrere Fernbusunternehmen bieten günstige Verbindungen von diversen deutschen Städten in mehrere Dutzend Städte in den Niederlanden an. *getbybus.com, flixbus.de, eurolines.eu*

Zahlreiche Linienflüge aus der Schweiz, Deutschland und Österreich landen täglich auf dem internationalen Flughafen Schiphol bei Amsterdam. Von dort geht es einfach mit der Bahn weiter. Billigfluggesellschaften weichen auf alternative Flughäfen wie Eindhoven und Maastricht-Aachen sowie Rotterdam The Hague aus. Sie verfügen alle über eine Busverbindung zu den jeweiligen Bahnhöfen. Zwischen dem Maastrichter Flughafen und Aachen gibt es einen Shuttleservice.

EINREISE

Für EU-Bürger genügt der Personalausweis, eine Grenzkontrolle findet bei Einreise aus einem anderen Schengen-Staat jedoch normalerweise nicht statt.

ZOLL

Innerhalb der EU dürfen Waren zum persönlichen Gebrauch frei ein- und ausgeführt werden. Richtwerte hierfür sind u. a. 10 l Spirituosen und 800 Zigaretten.

WEITER-KOMMEN

AUTO

Auf der Autobahn *(snelweg)* gilt eine Höchstgeschwindigkeit von 130, häufig nur 120 km/h, auf Schnellstraßen *(autoweg)* sind 100, auf Landstraßen *(provinciale weg)* 80, innerhalb von Ortschaften 50 km/h, zum Teil nur 30 km/h erlaubt. Nahezu alle Autobahnen haben Geschwindigkeitsbegrenzungen, die sich im Lauf der Strecke mehrfach ändern können. Auf einigen Strecken wird die Abschnittskontrolle *(trajectcontrole)* praktiziert. Unbedingt an Tempolimits halten: Die Bußgelder in den Niederlanden sind wesentlich höher als in Deutschland. Die Promillegrenze liegt bei 0,5. Wer seinen Führerschein weniger als fünf Jahre besitzt oder unter 24 ist, darf nur mit maximal 0,2 Promille ans Steuer bzw. aufs Moped oder Motorrad. Wer auf der Autobahn eine Panne hat, kann über *Tel. (*) 0900 03 93* Hilfe anfordern (die Notrufsäulen wurden abgeschafft!). Informationen über Staus und andere Verkehrsbehinderungen gibt es auf *filemeldingen.nl.* Die billigsten Tankstellen findet man über die App Benzine-Jip bzw. auf *brand stofprijzen.nl*. Parken ist teuer: Eine Stunde kostet 3–4 Euro, in Amsterdam bis zu 7,50 Euro. Die meisten großen Städte verfügen über mehrere P-&-R-Anlagen am Stadtrand. Da kostet das Parken zwischen 0 und 8 Euro pro Tag, wenn man mit einem Bus- oder Metroticket weiterfährt.

BAHN

Das Netz der Nederlandse Spoorwegen *(ns.nl)* ist eines der dichtesten in Europa. Intercity- und Schnellzüge *(sneltreins)* befahren die Hauptstrecken im Halbstundentakt. Nahverkehrs- und Regionalzüge *(stoptreins)* halten praktisch an jedem Bahnhof. Daneben gibt es die „Intercity-Direct"-Verbindungen von Amsterdam nach Rotterdam und Breda. Diese verkehren über das Hochgeschwindigkeitsnetz und sind deshalb etwas teurer als die anderen Züge, dafür aber auch schneller: Von Amsterdam nach Rotterdam sind es 41 statt 70 Minuten und nach Breda 69 statt 101 Minuten. Noch schneller (und teurer) ist die Verbindung von Amsterdam über Rotterdam nach Brüssel und Paris mit dem Hochgeschwindigkeitszug Thalys *(tha lys.com)*.

Die NS hat Fahrkarten aus Papier abgeschafft. Stattdessen gibt es E-Tickets mit einem Chip, die man an den Kartenautomaten oder gegen einen Aufpreis am Schalter kauft. Wie die Automaten funktionieren, siehst du hier: *short.travel/nie8*. Nahezu alle Bahnhöfe sind mit Zugangspforten gesichert, man kann den Bahnhof nur mit einem E-Ticket betreten oder verlassen. Achtung: Dabei geht es nicht um die Bahnsteige, sondern ums Betreten des Bahnhofs generell! Manche Bahnhöfe haben Passsagen mit vielen Geschäften. Wer hier nur einkaufen möchte, muss trotzdem ein- und beim Ausgang wieder auschecken. Das ist eine Stunde lang gratis möglich.

Wer sein Ticket selbst ausgedruckt hat, muss auf den Bahnhöfen ein Lesegerät mit einem Barcodeleser suchen. Man erkennt diese Geräte am blauweißen Scan-Ticket-Symbol und an der Leuchtfläche auf der rechten Seite. Halte dein Ticket auf die Leuchtfläche – sobald das Piepsignal ertönt, öffnet sich die Pforte; wie es funktioniert, siehst du hier: *short.travel/nie7*.

Eine E-Tageskarte ohne Kilometerbeschränkung kostet in der zweiten Klasse 53 Euro, in der ersten Klasse 87,46 Euro. Daneben gibt es den Interrail-Benelux-Pass *(de.interrail.eu)*, der an drei, vier, fünf, sechs oder acht Tagen innerhalb eines Monats in den Niederlanden, Belgien und Luxemburg gültig ist. Drei Tage kosten in der zweiten Klasse 121 Euro (unter 28 Jahren 105 Euro), acht Tage 229 (198) Euro.

MIETWAGEN

Auf den Flughäfen, in großen Städten sowie vielen Urlaubszentren gibt es die bekannten Autoverleiher. Je nach Wagentyp und Ausstattung musst du für einen Mietwagen pro Tag zwischen 30 und 125 Euro rechnen.

ÖFFENTLICHE VERKEHRSMITTEL

Im ganzen Land wird in der Metro, bei der Bahn und auf Fähren mit der OV-Chipkaart bezahlt. Die Plastikkarte

FESTE & EVENTS
RUND UMS JAHR

JANUAR
Nieuwjaarsduik (Scheveningen), *schev. nl/nieuwjaarsduik-scheveningen:* Neujahrsschwimmen
International Film Festival (Rotterdam), *iffr.com*

FEBRUAR/MÄRZ
Carnaval (Maastricht und übriger Süden)

MÄRZ–MAI
Keukenhof (Lisse), *keukenhof.nl:* Tulpenshow (Foto)

APRIL
Bloemencorso (Noordwijk–Haarlem), *bloemencorso-bollenstreek.nl*

MAI
Dodenherdenking (Amsterdam): Gedenktag für die Opfer des Zweiten Weltkriegs
Bevrijdingsfestival: Popmusikfestival
Nationale Molendag: Tag der offenen Tür der Windmühlen

JULI
Keti Koti Festival (Amsterdam), *keti kotiamsterdam.nl:* Festival zur Abschaffung der Sklaverei
North Sea Jazz Festival (Rotterdam), *northseajazz.com*

AUGUST
Amsterdam Gay Pride, *amsterdam gaypride.nl*
Prinsengrachtconcert (Amsterdam), *prinsengrachtconcert.nl*

SEPTEMBER
Open Monumentendag, *openmonu mentendag.nl:* Tag der offenen Tür bei denkmalgeschützten Häusern

OKTOBER
Dutch Design Week (Eindhoven), *ddw.nl*

DEZEMBER
Amsterdam Light Festival, *amster damlightfestival.com*
Sinterklaasfeest

Hauptbahnhof Rotterdam: Fast jedes öffentliche Gebäude ist ein architektonisches Statement

kann man an Automaten auf Bahnhöfen, in Supermärkten oder Tabakläden für 7,50 Euro kaufen. Wähl eine übertragbare *(anoniem)* OV-Chipkaart *(ovchipkaart.nl)* und lade diese mit deiner EC-Karte auf. Mit der aufgeladenen Karte kannst du dich danach bei den Lesegeräten an jedem Bahnhofsoder Metroeingang sowie in den Straßenbahnen und Bussen einloggen. Halte die OV-Chipkaart an den Scanner, bis du einen Piepton hörst. Verlässt du das Fahrzeug oder den Bahnhof, musst du die Magnetkarte zum Auschecken erneut ans Lesegerät halten, bis der Pieps ertönt. Das gilt – mit Ausnahme von Zügen der NS – auch, wenn du bloß umsteigen willst: Auch dann musst du jedes Mal aus- und im nächsten Fahrzeug wieder einchecken. Der Scanner zeigt jeweils an, was eine Fahrt (oder das Umsteigen) gekostet hat. Wenn du am Ende des Urlaubs noch Guthaben auf der Karte hast, kannst du gegen eine Gebühr von 2,50 Euro bis zu 30 Euro an den Schaltern von Bahn- oder Busbetrieben zurückerstattet bekommen.

Wer auf die kostenpflichtige OV-Chipkaart verzichten will, kann am Automaten Papiertickets lösen oder ein Ticket für Bahn- oder Busbetriebe mit der Gratisapp Tranzer kaufen. Diese App plant auch deine Route von Tür zu Tür und gibt für jede Reise den exakten Fahrpreis an, den du mit der Kreditkarte begleichst. Nach dem Kauf erscheint ein digitales Ticket auf dem Handy, mit dem du an Bahnhöfen oder in Straßenbahnen und Bussen ein- und auschecken kannst.

TAXI

In den Niederlanden gibt es unterschiedliche Taxis. Für die klassischen Taxis zahlt man einen Starttarif von rund 3 Euro und etwa 3 Euro pro Kilometer sowie 0,36 Euro pro Minute. Der Fahrer ist verpflichtet, die Tarifkarte gut sichtbar an die Scheibe zu kleben. Er kann dir aber auch einen Pauschalpreis anbieten und er darf für das Tragen der Koffer zusätzlich Geld verlangen. Beides muss aber vor der Abfahrt besprochen werden. Uber gibt es vor allem in den großen Städten.

IM URLAUB

AUSKUNFT

In fast jedem Ort gibt es ein Fremdenverkehrsbüro. Halte Ausschau nach drei weißen V auf blauem Hintergrund: Die Touristenbüros heißen VVV (sprich „FehFehFeh"). Infos zu einzelnen Orten findest du im Internet nach dem Schema: vvv + Ortsname + .nl – also z. B. *vvvarnhem.nl* oder *vvvzeeland.nl*. Eine hilfreiche Website zu Veranstaltungen und Aktivitäten ist *wattedoenin.nl*.

CAMPING

Campingplätze gibt es zuhauf, von modernen, mit allem Komfort ausgestatteten Anlagen an der ganzen Nordseeküste entlang bis hin zu einfacheren Plätzen in der freien Natur: *nederland-camping.nl*. Viele Bauern betreiben nebenher Campingplätze und bieten auch Milch und mehr frisch vom Hof an *(kamperen-bij-de-boer.com)*. Wer das Hantieren mit Heringen und Aufpumpen von Luftmatratzen nicht ausstehen kann, aber trotzdem das Zeltplatzfeeling nicht missen möchte, kommt beim Glamping auf seine Kosten. Die fertig montierten Zelte oder Wohnwagen sind mit Küche, Möbeln sowie eigenen sanitären Anlagen ausgestattet. Am besten im Internet suchen mit „glamping nederland".

INSIDER-TIPP
Milch macht müde Camper munter

DROGEN

Auch weiche Drogen wie etwa Marihuana sind in den Niederlanden verboten. Es ist Erwachsenen allerdings gestattet, bis zu 5 g für den Eigenbedarf zu kaufen und bei sich zu haben – im öffentlichen Raum zu rauchen allerdings nicht.

FAHRRADVERMIETUNG

Ein *huurfiets* gibts in jeder noch so kleinen Ortschaft, meist am oder rund um den Bahnhof und auf dem Dorf beim örtlichen Fahrradhändler. Auf dem Land kostet die Wochenmiete etwas mehr als 20 Euro. Um in der Hochsaison sicherzugehen, dass ein Händler noch ein *fiets* hat, empfiehlt es sich, ein Rad via Internet zu reservieren.

FEIERTAGE

1. Jan.	Neujahr
März/April	Karfreitag/Ostermontag
	(viele Geschäfte sind geöffnet)
27. April	*Koningsdag*
5. Mai	*Bevrijdingsdag* (nationaler Gedenktag zur Befreiung von der deutschen Besatzung – nur alle fünf Jahre ein offizieller Feiertag)
Mai/Juni	Christi Himmelfahrt/Pfingstmontag
	(viele Geschäfte sind geöffnet)
25./26. Dez.	Weihnachten

GRÜN & FAIR REISEN

Du willst beim Reisen deine CO_2-Bilanz im Hinterkopf behalten? Dann kannst du deine Emissionen kompensieren *(atmosfair.de; my climate.org)*, deine Route umweltgerecht planen *(routerank.com)* oder auf Natur und Kultur *(gatetourismus.de)* achten. Mehr über ökologischen Tourismus erfährst du hier: *oete.de* (europaweit); *germanwatch.org* (weltweit).

FKK

Nacktbaden ist in den Niederlanden weit verbreitet. Vielerorts gibt es einen speziell gekennzeichneten Abschnitt *(naturistenstrand)*. Andere FKK-Aktivitäten findest du hier: *nfn.nl*

GELD & KREDITKARTEN

Geldautomaten gibt es in jedem noch so kleinen Ort. Kreditkarten und die EC-Karte sind weit verbreitet, in einigen Läden sogar manchmal die einzige Zahlungsmöglichkeit, auch auf Märkten. Es ist auch normal, selbst kleinste Beträge bargeldlos zu bezahlen.

INTERNETZUGANG & WLAN

Die Internetabdeckung ist in den Städten nahezu flächendeckend, aber auch auf dem Land haben die meisten Cafés einen Gratiszugang. WLAN heißt *wifi* und wird häufig gratis angeboten, auch in vielen Intercityzügen sowie in den Fahrzeugen einiger Busunternehmen.

JUGENDHERBERGEN

Im ganzen Land gibt es 22 Jugendherbergen, die sich *Stayokay* nennen: *stayokay.com*

MUSEEN

Wer schon weiß, welche Museen er sicher sehen will, sollte sein Ticket vorher online buchen. Die meisten Museen und andere Attraktionen verkaufen ihre Eintrittskarten online und vergeben oft feste Zeitfenster für den Besuch. Das hemmt zwar die Spontaneität, erspart aber Wartezeiten. Die *museumkaart (museumkaart.nl)* gewährt landesweit in mehr als 400 Museen freien Eintritt. Sie kostet 64,90 Euro (Kinder und Jugendliche bis 18 Jahre 32,45 Euro). Weiterer Vorteil: Inhaber der *museumkaart* brauchen sich nicht anzustellen. Sie ist in den VVV-Büros oder direkt in den Museen erhältlich, man braucht dafür ein Passfoto.

ÖFFNUNGSZEITEN

Die meisten Geschäfte sind Mo bis Fr von 9 bis 18 Uhr (Supermärkte bis 22 Uhr) und Sa von 9 bis 17 Uhr geöffnet. In größeren Städten und in touristischen Gebieten gibt es *avondwinkels* (Nachtläden), die bis Mitternacht oder länger geöffnet sind. Donnerstag oder Freitag ist im ganzen Land bis 21 Uhr Abendverkauf *(koopavond)*. In Touristenorten sind die Geschäfte auch sonntags von 12 bis 18 Uhr geöffnet, im übrigen Land an zwölf Sonntagen im Jahr.

POST

Die Post hat keine eigenen Filialen mehr, sondern *servicepunten* in Supermärkten, Buchläden und den Primera-Kiosken. Du erkennst sie am orangefarbenen Logo mit einer Krone, auf dem postnl steht. Das Porto für Postkarten oder Briefe in die EU und in die Schweiz betrug bei Redaktionsschluss 1,45 Euro.

TELEFON & HANDY
Vorwahlen: Deutschland *0049,* Österreich *0043,* Schweiz *0041,* Niederlande *0031.* Es gibt mehrere Telefongesellschaften, die wichtigsten sind kpn, Vodafone und T-Mobile.

TRINKGELD
Es ist üblich, im Restaurant, im Taxi oder beim Friseur ein Trinkgeld von etwa fünf bis zehn Prozent zu geben, wenn man zufrieden war. Gibt es eine Toilettenfrau: mindestens 50 Cent.

NOTFÄLLE

DIPLOMATISCHE VERTRETUNGEN
– Deutsches Konsulat Amsterdam: Honthorststraat 36–38 | Tel. 020 5 74 77 00
– Österreichische Botschaft Den Haag: Van Alkemadelaan 342 | Tel. 070 3 24 54 70
– Schweizerische Botschaft Den Haag: Lange Voorhout 42 | Tel. 070 3 64 28 31

GESUNDHEIT
Erste Hilfe leisten die Notaufnahmen *(eerste hulp)* der Krankenhäuser. Das Honorar für den Arzt musst du vorstrecken, sofern nicht deine European Health Insurance Card akzeptiert wird.

NOTRUF
Die allgemeine Notrufnummer ist *112.*

WETTER IN AMSTERDAM

	JAN.	FEB.	MÄRZ	APRIL	MAI	JUNI	JULI	AUG.	SEPT.	OKT.	NOV.	DEZ.
Tagestemperaturen	5°	5°	9°	13°	17°	20°	22°	22°	19°	14°	9°	6°
Nachttemperaturen	1°	1°	3°	6°	9°	12°	15°	15°	12°	8°	5°	2°
☀	2	2	4	6	7	7	6	6	5	3	2	1
☂	14	11	9	9	9	9	11	11	12	12	14	13
≈	5	5	6	8	11	13	16	17	16	14	10	8

☀ Sonnenschein Stunden/Tag ☂ Niederschlag Tage/Monat ≈ Wassertemperatur in °C

SPICKZETTEL
NIEDERLÄNDISCH

SMALLTALK

ja/nein/vielleicht	ja/nee/misschien	ja/nee/miss-chien
bitte/danke	(Sie) alstublieft, (du) alsjeblieft/bedankt	aschtüblieft, aschjeblieft/bedankt
Gute(n) Morgen!/Tag!/Abend!/Nacht!	Goeden morgen!/dag!/avond!/nacht!	chuje morche/dach/afond/nacht
Hallo!/Auf Wiedersehen!	Hallo!/Dag!	hallou/daach
Tschüss!	Doei!	duui
Ich heiße …	Ik heet …	ick heet …
Wie heißt du?/Wie heißen Sie?	Hoe heet je?/Hoe heet u?	hu heet je/hu heet ü
Ich komme aus …	Ik kom uit …	ick komm öüt
Entschuldigung.	Sorry.	sorri
Wie bitte?	Pardon?	pardong
Ich möchte …/Haben Sie …?	Ik wil graag …/Heeft u …?	ick will chraach/heeft ü

ZEIGEBILDER

ESSEN & TRINKEN

Die Speisekarte, bitte.	De kaart, alstublieft.	de kaart aschtüblieft
Könnte ich bitte … haben?	Mag ik …?	mach ick
Flasche/Karaffe/Glas	fles/karaf/glas	fläss/karaff/chlass
Messer/Gabel/Löffel	mes/fork/lepel	mäss/fork/leepel
Salz/Pfeffer/Zucker	zout/peper/suiker	saut/peeper/söuker
Essig/Öl	azijn/olie	asain/olie
mit/ohne Eis/Kohlensäure	met/zonder ijs/bubbels	mätt/sonder ais/bübbels
(kein) Trinkwasser	(geen) drinkwater	(cheen) drinkwaater
Ich möchte zahlen, bitte.	Mag ik afrekenen.	mach ick affreekenen
am Fenster	bij het raam	bai het raam
Rechnung/Quittung	rekening/bonnetje	reekening/bonnetje
bar/ec-Karte/Kreditkarte	kontant/pinpas/creditcard	kontant/pinnpass/kredditkaart

NÜTZLICHES

Wo ist …?/Wo sind …?	Waar is …?/Waar zijn …?	waar is/waar sain
Wie viel Uhr ist es?	Hoe laat is het?	hu laat is hett
heute/morgen/gestern	vandaag/morgen/gisteren	fanndaach/morche/chisteren
Wie viel kostet …?	Hoeveel kost …?	hufeel kost
Wo finde ich einen Internetzugang?	Waar krijg ik toegang tot internet?	waar kraich ick tuuchang tot internet
WLAN	wifi	wiifii
Hilfe!/Achtung!/Vorsicht!	Hulp!/Let op!/Voorzichtig!	hülp/lett opp/foorsichtich
Fieber/Schmerzen/Durchfall/Übelkeit	koorts/pijn/diaree/misselijkheid	koorts/pain/diaree/misselickhait
Apotheke/Drogerie	apotheek/drogisterij	apoteek/droochisterai
Fahrplan/Fahrschein	dienstregeling/kaartje	dienstreecheling/kaartje
0/1/2/3/4/5/6/7/8/9/10/100/1000	nul/één/twee/drie/vier/vijf/zes/zeven/acht/negen/tien/honderd/duizend	nüll/ejn/twee/drie/fier/faif/ses/söwen/acht/neechen/tien/hondert/döüsent

URLAUBSFEELING

ZUM EINSTIMMEN & AUSKLINGEN

LESESTOFF & FILMFUTTER

📖 Samir, genannt Sam

Als einziger Schüler mit marokkanischen Wurzeln hat Samir die Zulassung aufs Elitegymnasium geschafft. Mano Bouzamour, neuer Stern am niederländischen Literaturhimmel, erzählt die 2013 erschienene, teils autobiografische Geschichte aus dem niederländischen Migrantenmilieu temporeich und voll witziger Dialoge.

📖 Die vielen Leben des Jan Six

In seinem Bestseller von 2016 skizziert Geert Mak die Geschichte einer Amsterdamer Patrizierfamilie – eine Art „Buddenbrooks" der Niederlande.

🎥 Miss Kiet's Children

Liebevolle Dokumentation (2017) von Petra und Peter Lataster über eine mutige Dorfschullehrerin, die traumatisierte Kinder aus Kriegsgebieten unterrichtet. Das Beibringen von Niederländisch wird in der ergreifenden Geschichte oft zur Nebensache.

🎥 Cas

Ein Schwulenfilm der anderen Art: Die unbeschwerte Beziehung von Sjors und Pepijn wird in Joris van den Bergs Film (2016) hart auf die Probe gestellt, als der Flame Cas bei ihnen übernachtet und damit einiges durcheinanderbringt.

PLAYLIST QUERBEET

0:58

II ANDRÉ HAZES – ZIJ GELOOFT IN MIJ
Ultimative Schnulze – wenn Niederländer sentimental werden, singen sie dieses Lied

▶ **ANOUK** – BIRDS
Die Rockdiva kann auch Blues. Mit Birds nahm sie 2013 am Eurovision Song Contest teil

▶ **GOLDEN EARRING** – RADAR LOVE
Der Klassiker der immer noch sehr aktiven Rockband

▶ **CLAUDIA DE BREIJ** – MAG IK DAN BIJ JOU
Dieses Lied über Geborgenheit verbinden die Niederländer mit den Tragödien der letzten Jahre

▶ **THE COMMON LINNETS** – CALM AFTER THE STORM
Mischung aus Folk, Country und Pop

Den Soundtrack zum Urlaub gibt's auf **Spotify** unter **MARCO POLO Netherlands**

Oder Code mit Spotify-App scannen

AB INS NETZ

GRACHTENUNDGIEBEL.DE
Blog von zwei Journalisten, der eine deutsch, der andere niederländisch, die auf der Suche nach dem alten Holland sind. Fundgrube für gediegene Hotels, verträumte Provinzstationen und sehenswerte Ausstellungen.

SCHEVENINGEN-STRAND.DE
Webauftritt einer in Scheveningen lebenden Deutschen, die Geschichten über das ehemalige Fischerstädtchen schreibt, die besten Strandabschnitte für Kinder empfiehlt oder Insidertipps zu Den Haag gibt.

BUURTAAL.DE
Sagenhaft vielseitiger Blog einer Niederländerin, die viele Einträge zu Sprache und Kultur, zum Essen und Trinken, zum Reisen und Radfahren postet und mit so manchem Klischee aufräumt. Hilfreich für alle, die sich für die kleinen Besonderheiten des Nachbarlands interessieren.

SHORT.TRAVEL/NIK6
In 23 Minuten einmal durch das ganze Land reisen: Wunderbare Impressionen versammelt dieser Clip ganz ohne Text.

TRAVEL PURSUIT

DAS MARCO POLO URLAUBSQUIZ

Weißt du, wie die Niederlande ticken? Teste hier dein Wissen über die kleinen Geheimnisse und Eigenheiten von Land und Leuten. Die Lösungen findest du in der Fußzeile. Und ganz ausführlich auf den S. 18–23.

❶ Was feiert man am 27. April?
a) Die Gründung der Republik
b) Den Geburtstag von König Willem Alexander
c) Die Befreiung von der deutschen Besatzung 1944

❷ Was sind die „Hollandse nieuwe"?
a) Die 20-Uhr-TV-Nachrichten auf Nederland 1
b) Die Tage zu Beginn der Tulpenblüte
c) Matjesheringe

❸ Was ist Frisistik?
a) Ein Erfrischungsgetränk aus der Provinz Friesland
b) Friesische Sprachkunde
c) Ein herzhafter Käsesnack am Stiel

❹ Welches Handelsgut führte zur ersten Spekulationsblase der Geschichte?
a) Tulpen
b) Zucker von den Niederländischen Antillen
c) Delfter Kacheln

❺ Wie viele historische Windmühlen stehen heute noch?
a) Rund 1000
b) 337
c) Keine, sämtliche Windmühlen sind Rekonstruktionen

❻ Auf 100 Niederländer ...
a) Kommen 89 Fahrräder
b) Kommen fast genau 100 Fahrräder
c) Kommen 130 Fahrräder

**❼ Was schenken sich die Nieder-
länder zur Geburt eines Kindes?**
a) Biskuits mit Anisstreuseln
b) Einen Tulpenstrauß in Pink oder
Hellblau
c) Schokoladebuchstaben mit dem An-
fangsbuchstaben des Neugeborenen

**❽ Warum sind die Trikots der Fuß-
ball-Nationalmannschaft orange?**
a) Orange ist die Farbe des niederländischen Königshauses
b) Zu Ehren von Henk Oranje, dem ersten niederländischen Nationaltrainer
c) Führt nach Ansicht von Sportpsy-
chologen zu gesteigerter Leistungs-
bereitschaft

**❾ Wie heißt der Denker, der in
Rotterdam vielen Einrichtungen
seinen Namen gibt?**
a) Spinoza
b) Calvin
c) Erasmus

**❿ Was muss ein niederländischer
Fahrschüler beherrschen?**
a) Den Radfahrerblick
b) Den Holländergriff
c) Den Groninger Gruß

**⓫ Weiche Drogen wie Marihuana
sind in den Niederlanden …**
a) In einigen, aber nicht allen Provinzen legal
b) Nicht legal, aber geduldet
c) In staatlich lizenzierten Geschäften,
den *graswinkels,* frei erhältlich

**⓬ Welches Überschwemmungs-
und Küstenschutzprogramm gibt
es nicht?**
a) Den Masterplan Rotterdam 2040
b) Das Programm Raum für den Fluss
c) Das Sandmotorprojekt

REGISTER